管理職のための自治体財政

2時間でまるごとわかる！

谷池公治

学陽書房

はじめに

本書は、タイトルを見てお察しのとおり、管理職向けの財政本です。

内容を平たく言えば、あまり予算や財政の分野に自信がないまま管理職になって、内心「やばい、どうしよう」と不安を感じている方向けに、「とりあえずこれくらいわかっていれば何とかなる！」をできるだけお伝えして、自信を持って業務に臨めるようになってもらうための本です。

そもそも、職員がみんな財政課を経験するわけじゃありませんし、普段の業務で自動的に財政に詳しくなれるわけでもありません。その一方で、常に職員は新陳代謝しているので、毎年必ず、管理職に上がる人が出てきます。

そうなると、「職務での経験をしっかり積んで、実績も認められて管理職になった。今まで係長や課長補佐だったとき、担当する事務事業の予算の編成や執行には関わってきたが、予算や財政の詳しいことはよくわからない」という人も多くなります。

もちろん、それ自体は当たり前のことですし、財政のことを知らないまま管理職になるのがダメというわけでも決してありません。

でも、管理職になると、課の予算編成や執行に責任を持つことになります。財政の仕組みをよくわからないまま、いきなり課の予算を預かる立場になって、不安を感じている方もおられるのではないでしょうか。

予算編成では財政課と協議して予算を確保しなくちゃいけないし、予算や決算の議会対応もすることになるし、予算が不足したらどうしたらいいのか見当もつきません。課内でも、部下に「この人には予算関係は頼れないな…」とか思われたくないですよね。

本書は、そんな皆さんの漠然とした不安に応えるための本です。

そのため本書は、予算や財政に苦手意識がある人にも「なるほど、そういうことだったのか！」と感じていただけるよう、できるだけ小難しい説明を排して、ざっくり、平たく、わかりやすく説明することに注力しています。忙しい管理職の皆さんでも、２時間でスラスラ読めて、予算や財政の大まかなイメージがつかめるようになるはずです。

全体像としては、基礎知識を得るための知識編と、具体的なやり方を学ぶ実践編に分けています。

第１章から第３章までの知識編では、「知らないと恥ずかしい」から、「知っておくと役に立つ」までの財政知識を、わかりやすくお伝えしていきます。

第４章から第６章までの実践編では、予算・財政に関するシチュエーションごとに、知識編で説明した様々な手続きや財源などがどう活用されているか、自課の事業にどう影響してくるか、その時の注意点や考え方を具体的に解説していきます。

第７章では、つい口に出してしまいがちなフレーズの注意点や、管理職としてどんな姿勢で臨みどう言い換えたらいいかなどをまとめました。

本書には、財政課を論破したりウラをかいたりして、うまく予算を確保する方法が書いてあるわけではありません。むしろ、「事業課の管理職の皆さんに知ってほしい、財政課の考え方」をお伝えするような立場からの文章になっています。

その根底には、事業課と財政課は、「要るものは要る」「ない袖は振れない」の水掛け論から脱却し、相互理解のうえで合意形成のステップを踏んでいく努力をしていくべきではないか、という思いがあります。

理想論かもしれませんが、それこそが、地域が目指すべき方向に向けて、一丸となって進んでいくための第一歩になるはずです。

本書が、それぞれのまちの職員の皆さんがお互いに腹を割って、まちの未来を話し合える場を作り上げる、きっかけになれれば幸いです。

谷池　公治

CONTENTS

第3章 管理職なら知っておきたい、わがまちの財政

第4章

管理職のための予算編成のススメ

第5章

困った場面を乗り切る！ 管理職のイレギュラー対応術

第6章

議会も財政課も怖くない！ 管理職の心構え

第7章 気を付けよう！ 財政NGフレーズ

第1章

管理職のための「今さら聞けない」財政・会計のこと

① 財政を知れば仕事がしやすくなる5つの理由

餅は餅屋、財政は財政課。でも、管理職になると、ざっくりとでいいから財政のことを知っておくべき、マストとベターの理由があります。

知っておかなきゃいけないマストな理由

①自分の業務のプロとして、その予算は知っておこう

当たり前のことですが、皆さんが財政のプロになる必要はありません。皆さんはそれぞれ自分の所管業務の専門家でありさえすればいいのです。

しかしそれは、予算や財政のことを何も知らなくていい、ということではありません。皆さんの課の事業は、自治体財政を構成する要素の一つです。そして、それら一つ一つを束ねたものが予算です。予算がない課はありません。予算や財政の大まかな仕組みくらいは知っておかないと、自分の仕事のプロフェッショナルにもなりえないのです。

②議会や住民にある程度話せるくらいには知っておこう

皆さんは管理職です。議会に対しても、住民に対しても、それぞれ所管の業務に関しては、自治体を代表してお話をする立場です。自分たちが扱う予算がどういう仕組みで動いているのか、自分たちは自治体の財政運営のどこにいてどんな役割を果たしているのか、「知りません」「わかりません」では通用しないときもあるかもしれません。

多少解像度が低くても、大枠をつかんでおけば、「詳しくは財政部門に確認しますが、簡単に言えばこういうことです」くらいは言えるはずです。

③基本ルールを知って、致命的な事態を避けられるようになろう

財政はただでさえ小難しいのに、ちゃんとしないと致命的なことになる場合があります。例えば、予算に不足が生じたり、予算と支出が年度をまたいだりする場合に何も対応していなかったら、事業が遂行できなくなってしまいます。責任者が「知らなかった」では済みません。

何も知らないままだと、相談すらせず進めてしまうかもしれません。逆に、知ってさえおけば失敗を避けられることもあるのです。

知っておいたほうがいいベターな理由

④財政課のツボと逆鱗を知って、スムーズに協議を進めよう

何かを相談するときは、相談する側にも基礎知識が必要です。「何が問題なのか」を伝えられる程度には仕組みを知っておくべきでしょう。

また、予算編成や予備費対応などでは、シビアな判断、厳しい協議を迫られることもあります。そんなとき、何が争点になりそうか、相手（財政課）のツボや逆鱗がどこにあるのかつかんでおけば、ある程度準備もできますし、よりスムーズに協議を進められ、望む結果を得られる可能性も高くなるはずです。

⑤ポイントをつかんで、部下に的確な指示ができるようになろう

部下に相談をされたとき、何が問題なのかもわからないようでは、困って相談した部下の側もがっかりです。どこに解決のポイントがあるのかを見極めて、方向性くらいは示せるようにしたいものですよね。

ポイントさえ押さえられれば、全部指示する必要はありません。最終的には「詳しくは財政課に聞いてこい」でいいのです。的確な指示で事務を円滑に執行しつつ、部下に頼ってもらえるようになりましょう。

プラスワンポイント

「財政のことはよく知らないから不安」と感じている人も多いのでは。不安は、将来起こるかもしれない危険に備えるために生まれる感情です。しっかり備えて、不安を解消していきましょう。

② 予算は「まちづくりの設計図」

部下に「予算ってなんですか？」と聞かれたら、どう答えますか？　課を預かる立場の管理職として、まずは、予算の大原則を押さえましょう。

そもそも論としての予算と財政の本質

改めて考えてみると、予算ってなんなんでしょうか。

予算書に書かれていることを平たく言うと、「何のお金がいくら入ってきて、何にいくらお金を使う予定なのか」です。ピンときた方もいるでしょうが、主に前者は歳入、後者は歳出です。そして、国や自治体の予算では、歳入と歳出は常にイコールです。そのため、予算書は、**「入ってくるお金と、その使い道を示したもの」**であり、逆から言えば**「どういう事業をやる予定で、そのために必要なお金をどう捻出するかを示したもの」**である、ということになります。

突き詰めれば、その年にどれくらいの歳入があるのかを見積もって、そのお金を使ってどんな自治体運営、つまりは「まちづくり」をしていくのかを決めること、それが「財政運営」です。そして、そのまちづくりのために具体的に何をしていくのか、その事業費をどう捻出するかを示したものが予算です。言ってみれば、**予算書は「今年1年間のまちづくりの設計図」**なのです。

儒教の経典のひとつ『礼記·王制』には、**「入るを量りて出ずるを為す」**という一節があります。これもまさに歳入と歳出。この言葉は、古くは二宮金次郎さん、最近では稲盛和夫さんも口にされていたそうで、財政運営の基本中の基本、大原則です。その昔から、財政の本質というものは変わっていないのかもしれません。

知らないうちに縛られている、予算の３大ルール

おそらく皆さんが持っている予算や財政のイメージは、「ルールが多くてとっつきづらい」ではないか、と思います。その膨大なルールは、いくつかの大原則から生まれています。そのなかでも、管理職なら最低限覚えておくべきルールが３つあります。

①事前議決≒「お金は使う前にOKをもらえ」の原則

予算は議会を通さなければいけないことは、管理職の皆さんならご存知でしょう。では、そもそもなぜ議会を通すのでしょうか。それは、**議会からＯＫ（議決）をいただくまで予算は使えない**からです。

この原則は、カタい表現をすると「財政民主主義」というもので、住民の付託を受けた議会による民主的統制を担保するためのルールです。だからこそ、行政は主権者の代表である議会に対して、事前に事業や予算をしっかり説明する責任があるのです。

②会計年度独立≒「その年の仕事はその年のお金でやる」の原則

自治体の会計年度は4月から3月までです。これは地方自治法で決まっていて、条文には、「各会計年度における歳出は、その年度の歳入をもつて、これに充てなければならない」と書かれています。これが、会計年度独立の原則です。意味するところは、**「今年の仕事は、今年入ってくるお金でやりましょう」**ということです。

これこそ、「入るを量りて出ずるを為す」を体現したもので、この原則がなければ、極端な話、未来のお金をアテにした大盤振る舞い、捕らぬ狸の皮算用ができてしまいます。これをカンタンに許してしまっては、持続的な行政運営なんてできっこありません。もちろん例外もたくさんありますが、原則論としては、今年の支出は今年の収入で賄うべきですし、今年のお金を来年に持ち越して使うこともできないのです。

③総計予算主義≒「全部書いておかないとダメ」の原則

同じく自治法には、「一会計年度における一切の収入及び支出は、す

べてこれを歳入歳出予算に編入しなければならない」と規定されていて、これがいわゆる総計予算主義の原則です。平たく言えば、**「全部書いておかないとダメ」**なんですが、なんでダメなんでしょうか。

例えば、誰かから100万円の寄付をもらって、100万円分の備品を買うとします。もらった100万円を握りしめてお店に買いに行けばいいだけなので、別に予算なんか計上しなくてもいいんじゃないか、と思う人もいるかもしれません。でも、これを許してしまうと、最終的に自治体が何にいくら使ったのかわからなくなってしまいますし、なにより①の事前議決の原則に対する抜け道ができてしまいます。財政民主主義における説明責任を果たすためにも、全部書いておいて、きちんと説明して、議会からＯＫをもらう必要があるのです。

財政は　3大ルールの　組み合わせ

予算や財政に関する様々なルールは、実はだいたいこの３つの大原則の組み合わせと、その例外措置です。大原則は大原則できちんと守るしかありませんが、それだけを杓子定規に守っていくことにすると、実際には困ったことがたくさん起こります。そこで、いろいろな場合に合わせた例外を作っていった結果が、財政の小難しいルールなのです。

例えば、予算に書いていない支出が急に必要になったとき。③総計予算主義の原則により、予算には全部の支出が書いていないとダメなので、今書かれていない支出はできません。ではチャチャッと書き加えてしまえばいいかというと、①事前議決の原則により、書き加えた予算は先に、議会のOKをもらわないと使えるようになりません。なので、今の予算にない支出をしようと思ったら、その前に補正予算を編成して議決を得るのが原則、ということになるのです。

そうは言っても、年度途中で事情が変わったり想定外の事態が起きたりして、お金が足りなくなることはしょっちゅうありますよね。「それ全部補正予算なの？」と思う方もいるのではないでしょうか。こんな場合の例外規定もきちんと用意されています。

もう一つ、例を出しましょう。今度は、②会計年度独立の原則と、③

総計予算主義の原則の組み合わせです。この２つをそのまま鵜呑みにすると、②により、今年の予算には今年の支出のことしか書いていませんし、③により、予算に書いていない支出の意思決定はできません。そうなると、「半分は今年払って、残りは来年払う」みたいなことは許されません。今年だけでは終わらない事業を来年に持ち越すことも、年度をまたぐ契約もできないことになってしまいます。

とはいえ、現実にはそんなわけにもいきません。年度をまたぐための例外も、いろいろ用意されています。足りなくなった場合や年度をまたぎたい場合の例外については、第２章でもう少し詳しく説明します。

本質をつかめば予算も財政も怖くない！

ここまで、予算や財政にまつわる根本的な考え方やルールを紹介してきました。この先、本書では予算・財政に関するいろいろな仕組みや制度をお伝えしていきますが、その多くは、ここで紹介した考え方をベースとしてでき上がっています。また、後半でお伝えする、予算編成、議会の準備、財政課との交渉のアドバイスなども、「これらのルールに従いつつ、どうすれば円滑に進みやすくなるか」に主眼を当てたものです。

予算や財政は取っつきづらい分野ですが、本質を理解して会得しておけば、どんなに小難しいルールも恐れる必要はありません。今すぐ会得するのは無理かもしれませんが、いずれ普段の仕事のなかで、「なるほど、これか！」と腑に落ちる瞬間がやってくるはずです。苦手意識がある人こそ、基本的な考え方を頭に入れて日々の業務にあたりましょう。

ここに注目！

予算や財政の数々のルールは、たった３つの原則から生まれる、まちづくりの設計図のお作法です。ルールには必ず理由があります。その理由を知れば、理解も格段に進むのではないでしょうか。

③ 言われてみれば知らない？「予算の全体像」

管理職になったら、自分が担当する予算の金額を把握するだけでなく、今までより一段高い視野から予算書を読む必要があります。

予算書の全体像をザックリ俯瞰する

予算書の全体像は、こんな具合（図-①）になっています。この流れは、当初予算でも、補正予算でも、特別会計でも同じです。

図-①　予算書の全体像

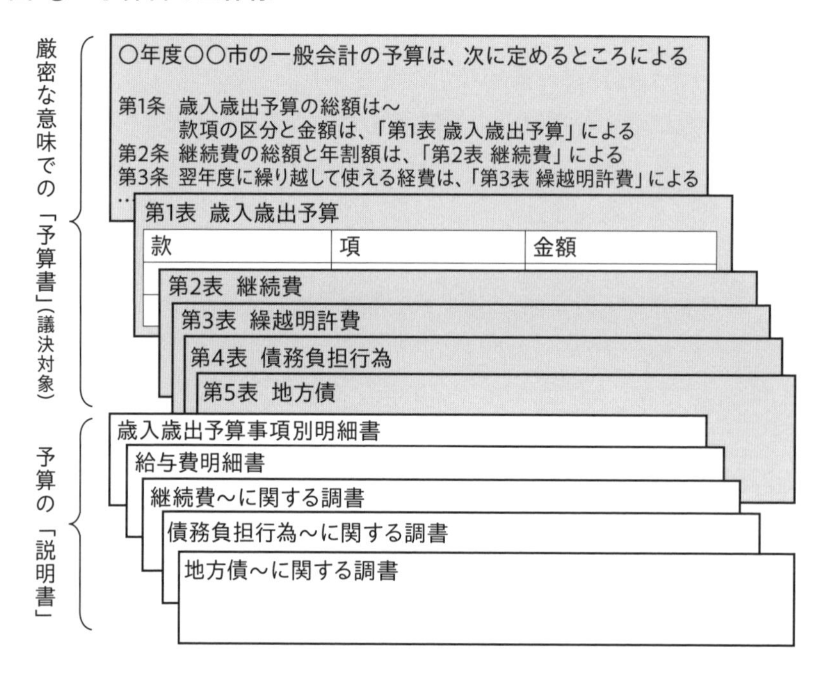

まず最初にくるのが、俗に「鑑文」と言われる条文が書いてある部分。予算は議会の議案になりますから、ここには、条例案などと同じように、議案の番号や提出者である首長の名前なども書かれています。

次に「第○表～」と書かれている表。こちらは最大でも５種類で、予算の中身によっては登場しない表が出てくるときもあります。その場合は表の番号が繰り上がります。

さらにその後ろには、「～明細書」とか「～調書」と名付けられた表が続きます。こちらも必ず全ての表があるとは限らず、関係ない表は省略されます。例えば、補正予算で人件費の補正がなければ給与費明細書はつけませんし、地方債を発行しない特別会計では地方債の調書はありません。

議決の対象は、実はほんの一部分

予算書は、その内容に応じて、こういった様々なパーツを組み合わせて、決まった順番で並べられてでき上がっています。

実はこのうち、**議会の議決対象になるのは、条文が書いてあるところと、「第○表～」と書いてある表だけです。**

予算書の大部分を占めていて、私たちが普段の仕事で確認したり、議会で質疑されたりするのは、ほとんど「歳入歳出予算事項別明細書」です。このパーツは、皆さんも担当者や係長の頃からよく見ている、お馴染みの表ではないかと思います。

ただし、法律的な定義では、ここは議決対象にあらず、あくまで説明書。議決の対象となっている「第１表　歳入歳出予算」を詳しく説明したものに過ぎないのです。

ここに注目!

全体を俯瞰してみると、今まで注目していた「事項別明細書」が、実は予算本体ではなかったことがわかります。重要度が変わるわけではありませんが、「説明書である」という位置づけは理解しておきましょう。

④ 予算を並べる呪文「カンコーモクセツ」

予算のメインは、やはり歳入歳出予算です。どこに自分の予算が並ぶのか、ルールを覚えておきましょう。

カンコーモクセツとは?

予算書の「第１表　歳入歳出予算」と、その説明書である「事項別明細書」には、「何のお金がいくら入ってきて（歳入）、何にいくらお金を使う予定なのか（歳出）」、そのものズバリが書かれています。この**「何の歳入なのか、何に使う歳出なのか」をどう分類するか。そのルールが「カンコーモクセツ」です。**

この呪文は、漢字で書くと「款・項・目・節」で、大分類→中分類→小分類→細分類、というツリー構造になっています。予算が載っている住所のようなものをイメージすると理解しやすいかもしれません。例えば、歳出で図書館の清掃委託の経費が計上されている場所を探そうと思ったら、（款）教育費→（項）社会教育費→（目）図書館費→（節）委託料、の順番で探していけば見つかります（図-②）。

カンコーモクセツは住所ですから、自治体によって、あるいは年度によって、呼び方や順番がコロコロ変わってしまったりすると、探すときにとても困ります。そのため、名称や並べる順番はある程度、法令や国の基準で決められています。歳入だったら税から始まり地方債で終わり、歳出だったら議会費から始まって予備費で終わります。

ただ、決められているのはカンコーモクセツまで。実際には、各自治体で管理しやすいように、目と節の間に「事業」などの分類を設けたり、節のあとに細節、細々節、摘要などがあるところが多いです。

図-② 款項目節のツリー構造

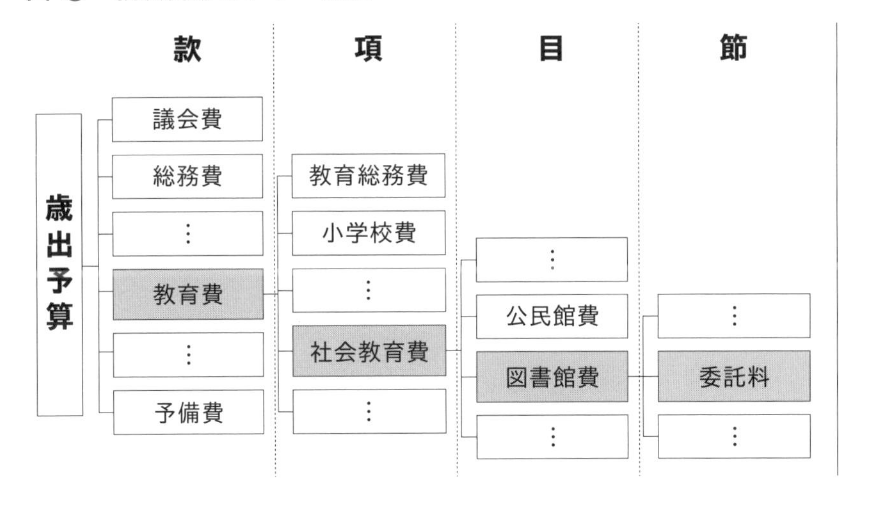

カンコーとモクセツの超えられない壁

さて、このカンコーモクセツですが、**実はカンコーとモクセツで大きな違いがあります。それは、「議決の対象かどうか」**です。

議会の議決をいただく予算書の「第１表　歳入歳出予算」に掲載されているのは、款・項まで。目・節は、「事項別明細書」にしか出てきません。上の例で言えば、議決の対象は「教育費の社会教育費は全部でいくら」というところまでです。その内訳、例えば図書館と公民館がそれぞれいくらなのかは、極論を言えば予算を執行する側の裁量なのです。

とはいえ、議会にしてみれば、款・項の金額だけ見せられても、良いも悪いも言えませんよね。なので実際には、事項別明細書を使って目・節まで含めた内容を説明してご審議いただき、最終的にそれらの合計としての款・項の議決をもらっている、という整理になっているのです。

ここに注目！

カンコーモクセツは、言ってみれば予算の住所。自分が担当している事業や歳入のカンコーモクセツは、自分の家の住所も同じことです。他の自治体の予算書でも探せるよう、しっかり頭に入れておきましょう。

⑤ ワンランク上の「事項別明細書」の見方

予算の大宗を占める事項別明細書。管理職になったら押さえるべき見方のポイントをお伝えします。

歳出の事項別明細書の意味するもの

予算書のページの大部分を占めるのは「事項別明細書」です。特に歳出の事項別明細書は、皆さんが予算書のなかで一番目にする部分ですから、この表の見方は理解しておきましょう。

図-③　歳出の事項別明細書

（単位：千円）

目	本年度	本年度の財源内訳				節		説明
		特定財源			一般財源	区分	金額	
		国(都道府県)支出金	地方債	その他				
○○	15,000	2,000	3,000	2,500	7,500	1 報酬	2,000	省略
						4 共済費	500	
						10 需用費	3,500	
						12 委託料	3,000	
						14 工事請負費	4,000	
						17 備品購入費	2,000	

事項別明細書は、「款・項」まで書いてある予算書の内訳を説明する資料ですから、「項」ごとに表になっていて、一番左側の欄はその下の「目」

から始まっています。

その隣の「本年度」の欄には、その「目」の総額がいくらなのかが記載されます（本当は、すぐ隣には前年度の額と、前年比の増減の欄もあるのですが、この図では省略しています）。この例では、1,500万円ですね。

その隣から始まる「本年度の財源内訳」の欄は、予算額1,500万円をどう集めてくるかを示しています。例えば、国の補助金なのか、借金なのか、利用者からの使用料なのか、住民から集めた税金で賄うのか。お金の工面方法を説明しているのがこの欄です。

ちなみに、ここで登場した財源は、歳入の事項別明細書のどこかに含まれ、これの総合計は歳入の総合計とイコールになります。

さらに右にいくと、カンコーモクセツの最後の「節」ごとの金額が出てきます。こちらには、1,500万円をどう使うか、お金の使い道が示されています。この図では省略していますが、実際には、その内訳の細かい内容が、右の「説明」欄に記載されています。そこをじっくり見ると、例えば委託料や工事費の内訳や詳しい名称が出てきて、「何にいくら予算を使うのか」が具体的にわかるようになっています。

このように、**事項別明細書は、お金の集め方と使い道の両方を示している、「入るを量りて出ずるを為す」の精神を体現した表**なのです。

管理職は無視できない左側、「財源内訳」

「事項別明細書は担当者や係長の頃によく見ていた」という人でも、左側の財源内訳欄はさほど気にも留めていなかったのではないでしょうか。当時重要だったのは「自分たちが使える予算は、何がいくらなのか」であり、それが書いてあるのは一番右側の説明欄ですから、当然です。**でも、管理職になると、この「財源内訳」欄がとても大事になってきます。**

財源内訳欄は、４つに分かれていて、事業の財源の種類が大まかにわかるようになっています。１つ目は、国（都道府県）支出金で、国からの金額と、市区町村では国に加えて都道府県からの負担金や補助金などの金額が載ります。２つ目は地方債で、その「目」の財源として地方債、つまり借金をする額が載ります。３つ目のその他の金額は、行政サービス利用者からの自己負担だったり、貯金の取り崩しだったり、誰かからの寄付だったりします。この３種類は、その事業のために国からもらえたり利用者から集めたりするお金で、「特定財源」と呼びます。最後の４つ目が「一般財源」。これは、地方税や地方交付税などの、使い道が限定されないお金で、要するに自治体の身銭です。

事業の財源内訳がどうなっているのかは、その事業の意義や効果に大きく関わってきます。国や都道府県と協調した事業なのかどうか、借金による将来負担と事業効果との兼ね合い、受益者負担のあり方、住民の血税を投じてその事業を行う意義など、その事業の本質まで踏み込んだところにあるのが、財源なのです。

財政を考えるうえで、また予算を編成するうえで、財源がなぜ大事でどう働くのかはまた説明しますが、事業課の管理職の皆さんにとっては、**財源は説明責任と切っても切り離せないもの**です。管理職になったら、事項別明細書の左側の欄も要チェックです。

お馴染みの右側「セツ」と、「カンコーモク」の違い

今度は、皆さんお馴染みの右側の欄を改めて見てみましょう。ここに記載されている「カンコーモクセツ」の「節」ですが、実は他の３つとは少し意味合いが異なります。**歳出での款項目節のうち、節の手前の款項目までは、予算をその目的で整理したもの。**先ほどの例（P.18）で言えば、図書館の経費は、「図書館は何のためにあるのか」という観点でブレイクダウンしていった結果、（款）教育費の（項）社会教育費の（目）図書館費、に置かれています。この分類方法は、「目的別分類」と言われています。

一方、最後の**節は、目までで分類された目的のなかでの使い方を示しています。**款項目は目的別でツリー状に細分化していった結果ですから、再登場することはありませんが、節は別々の目にそれぞれ存在します。例えば、（目）公民館費の（節）委託料と、（目）図書館費の（節）委託料がそれぞれ存在することになる、というわけです。

節は、国の規則で決められていて、全部で27種類あります。日々の業

務のなかで「需用費」や「委託料」という言葉を聞いたことがあるでしょうが、それが節です。自治体の全ての経費が、この27種類のどれかに区分されて予算に計上されてきます。

なかにはレアなものもありますから、全て覚える必要はまったくありませんが、例えば福祉系では「扶助費」、土木系では「工事請負費」など、所管する業務や自分のキャリアによって、よく扱う節は変わってきます。よく見かける節のことは、しっかり押さえておきましょう。

予算書には出てこない隠れた切り口、性質別

ところで、「人件費」とか「物件費」という言葉を聞いたことがあるかもしれませんが、そんな節は予算書のどこを探してもありません。これは、「性質別分類」と呼ばれており、主に、予算や決算を分析したり統計を取ったりするために使われています。予算書や事項別明細書は目的別分類に沿って書かれているので、そちらには出てきません。

「出てこないなら知らなくてもいいか」と思うかもしれませんが、少し待ってください。自治体によっては、予算編成のルール付けや流用の制限などで、性質別分類を使っている場合もありますので、事業課も無関係というわけにはいきません。また、性質別分類は分析の用途で使いますから、議会や市民、時々は財政課からも性質別の切り口で質問・指摘されたりします。全て網羅しておく必要まではありませんが、管理職なら、せめて「そういう概念がある」くらいは覚えておきましょう。

特に、節と性質別分類はよく似た言葉や同じ言葉も多いので、混乱しないように注意が必要です。ふとしたところで変な言い間違いや勘違いをして恥をかかないよう、自分の課の事業の性質別分類で気になったところは、あらかじめ財政課に確認しておくといいでしょう。

ここに注目!

歳出の事項別明細書は、かなり奥深い表です。今まで右側の事業費しか見ていなかったという人も、財源欄を俯瞰したり、性質別で分類してみたりすると、担当事業のさらなる理解につながるかもしれません。

⑥ 予算があればついて回る、会計処理の初歩の初歩

自分の課に予算があるということは、当然、お金が入ってきたりお金を使ったりします。そのときに避けて通れないのが会計処理です。

お金を使うときの意思決定、支出負担行為

皆さんは自分の課の業務で、モノを買ったり、委託業務を発注したり、補助金を支出したりしますよね。そのときに、「支出負担行為伺」とか「支出命令」といった会計伝票に決裁をしているはずです。では、それらは一体何なのか、どう違うのか、ちゃんと部下に説明できますか？

支出負担行為とは、「支出の原因となる行為」のことです。平たく言えば、工事の契約、消耗品の発注、補助金の交付決定、といったものです。市に債務が発生するときの意思決定、と言ってもよいでしょう。なので、支出負担行為“伺”の伝票は、「これをやるといずれ支出が発生しますが、やってもいいですか？」という決裁なのです。

一方、支出命令は、実際の支払のときに会計担当課へ出す伝票です。自治法上では、首長が会計管理者に命じることになっているので、“命令”という名前になっています。

実務上は、少額の消耗品購入などでは支出負担行為伺と支出命令の決裁が同時に回ってくることも多いと思われます。工事や委託の発注の際には、契約時に支出負担行為伺、完了後の支払い時に支出命令が起票されます。補助金の場合も、支出負担行為伺は交付の意思決定時に起案すべきものです。

ちなみに支出負担行為は、法令または予算の定めによらなければならないという縛りがあります。つまり、基本的には**支出したい予算が議会を**

通る前に支出負担行為はできません。なので、その準備である、工事の起工などの手続きもできない、ということになります。これも、３大原則の一つ「事前議決の原則」の表れと言えるでしょう。

収入にも意思決定が必要！　それが調定

歳入側にも、「調定」という手続きがあります。皆さんも、調定の伝票を起こしたり決裁したりしたことがあるでしょうが、「調定って結局なんなのか」と聞かれるとなかなか答えづらい概念です。

調定を一言で言えば、「歳入の内容を**調**査し、収入すべきことを決**定**すること」です。例えば、税であれば賦課決定するときに様々な課税資料を基に計算し、「この人にはこの税額」と決めていきます。施設使用料であれば、「この人はあの部屋を何時間使うから、使用料はいくら」と決めますね。国の補助金であれば、交付決定がきた時点で「何にいくら補助がついたのか」などを確認します。そういった行為が調定です。

調定は「この金額、相手方、日付、歳入科目でＯＫ」という意思決定、とも言えます。そして「**調**べてＯＫだと決**定**しました」ということを決裁して会計管理者にお知らせするのが調定伝票、というわけです。

例外もありますが、意思決定する前に入金されるのは理屈が合いませんから、大原則として、調定はお金の入金より手前の手続きです。実務上でも、会計課では毎日様々なところから入ってくるお金を、調定伝票を基にそれぞれの歳入科目に振り分けていくので、事前調定されていないと困ったことになってしまいます。

実際の収入支出より先になされる意思決定である、という点で、支出負担行為と調定は似ているかもしれません。

プラスワンポイント

これらは会計処理の初歩の初歩で、実際にはもっと細かいルールがあります。下手に間違えると監査や会計も巻き込んだオオゴトに発展する場合もあるので、「アレ？」と思ったら確認するクセをつけましょう。

COLUMN 1

「数字に絶対必要なもの」って何?

予算や財政の話では、ほとんどの場合、数字が登場します。

私は、数字を扱うにあたって「絶対に必要なもの」が２つあると思っています。それは、単位と比較対象。

例えば、「10ってどう思う？」と聞かれても、皆さん困りますよね。まずはそれが10人なのか、10ｇなのか、10㎞なのか示されなければ、何のことなのかさっぱりわかりません。単位という言葉でなくても、「なんの数字なのか」という味付けは、なんらかの形で示される必要があります。

では仮に、これを「人数」としましょう。それにしたって、いったいなんの話で10人なのかわかりませんよね。ここでもう一つ必要になるのが、比較対象です。

比較対象は、いろいろあります。例えば、前回の実績値、見込んだ予測値、自分が知識や感覚として持っている相場感など、様々です。

この「単位」と「比較対象」が揃って初めて、「10」に意味が生まれるのです。具体的に言えば、前回が5人だったなら「倍に増えた」、集客の見込みが20人だったら「半分しか集まらなかった」とわかります。サッカーなら「1人足りない」、野球なら「1人補欠」とわかります。ここまできて初めて、何が言いたいのかわかるようになるのです。

言いたいことに一番マッチする単位と比較対象を見つけることが、数字をうまく扱うコツです。

そもそも数字は、言いたいことを伝えるためのツールですから、数字だけあってもなんの足しにもなりません。単に数字を追うのではなく、「何を言いたいか」を考えるのが大事です。

究極的には、数字に絶対必要なものは、単位でも比較対象でもなく、「その数字を使って何を伝えたいのか」という皆さんの「意思」なのかもしれませんね。

第2章

管理職のための
ざっくりわかる
財政のこと

① お金が足りなくても焦らない対処法いろいろ

想定外の事態に「お金が足りません！」と部下が慌てて相談に来ても焦らず対応できるよう、対処法を知っておきましょう。

基本はやっぱり補正予算

前章で説明したとおり、**議決をいただいた予算に変更を加える必要性が生じたときは、基本的には補正予算を編成して、議会に提出する**ことになります。これは地方自治法にもしっかり書かれています。

この補正予算の場合も、つくりの全体像は当初予算と同様で、議決の対象になる款項の予算書と、その説明書を作ることになります。留意点としては、**補正予算書に書かれるのは補正する額、つまり増減する額であって、総額ではない**、ということです。

例えば、元々予算を100万円持っていた事業で不足が生じたので、50万円を増額するとします。補正予算書には、「50万円増」と書かれるだけなので、「合計で150万円になる」ということは一見わかりません（正確に言うと、款・項・目ごとの補正後の総額はわかりますが、１つの目にはいくつかの事業が含まれることが多いので、目の合計額だけわかってもあまり意味はありません）。自分の課の何の予算がもともといくらあって、どのくらい増えて、最終的に今いくらになっているのかは、財務会計システムなどを使って管理していかなければなりません。

もう一つの留意点は、**補正予算は時間がかかる**、ということです。３大ルールの一つ、事前議決の原則がある以上、お金が急遽必要になったとしても、補正予算書を作って、議会に提出して、議決してもらうまでお金は使えません。それぞれの自治体のやり方によっても違うでしょうが、少なくとも数週間から１、２か月はかかることになるでしょう。

「そんなに待っていられない」なんてときの例外として、補正予算を首長が専決処分する、という方法もあると言えばあります。これも地方自治法にちゃんと定められているもので、特に緊急を要し、時間的余裕がないことが明らかであれば、首長は予算に限らず議案を専決する権限を有しています。もちろん濫用は禁物。どちらにせよ次の議会で報告しなければなりませんし、よほどの事情がない限りは避けるべきでしょう。

議決の範囲内で使い方を変える、流用

お金が足りなくなりそうなら、事前に察知して補正予算を組むのが原則です。でも、現実には「足りなくなって初めて気がつく」ということもありますし、「確かに予算は足りないけど、そこまでオオゴトにしなくても…」という場合もあります。そんなとき、よく活用されているのが、**「予算流用」**です。これは、どこかの予算で不足を生じたとき、他のところについている予算を移動することで、足りない分をカバーしようとする方法です。

もちろん、なんでもかんでも移動できるわけではなく、範囲には限りがあります。予算の議決対象は「カンコーモクセツ」の款・項まで、でしたよね。もしも款や項をまたいで流用できるなら事前議決の意味がありませんから、**基本的には、流用で移動できる範囲は同じ項の中だけ、**つまり、予算で議決された範囲だけになっています。

「自分の課の予算のうち、どこからどこまでが流用できるのか」は、一度調べておいたほうがいいでしょう。場合によっては、「項の中に１つの目節しかないから、流用のアテがない」ということもあります。こういうところは、少し厚めに予算を持っておかないといけません。

流用は、議会の議決を経ずとも柔軟に予算をやりくりできる便利な手段です。とはいえ、議会の審議は款項だけを見ているわけではありませんから、流用は「予算審議のときの説明と違ったお金の使い方をする」ことでもあります。あまり流用の回数や金額が多いと、「最初の説明はいったいなんだったのか」という話になることもありえますから、**濫用**

は禁物です。

それに、流用はあくまで予算を移動するだけであって、予算の総額は変わらないので、当たり前の話ですが、流用元の予算は減ってしまいます。減らしたところが後で足りなくなったら本末転倒なので、お財布勘定をしたうえで、どこから持ってくるかを決めなくてはいけません。

注意点はもう一つ。多くの自治体では、規則で一部の流用を禁じています。例えば、人件費と他の経費、特に物件費との流用や、食糧費、首長などの交際費を増やす流用は禁止されていたりします。

また、カンコーモクセツを全て同じところでやりくりしたい場合に、別のルールがあるところも多いです。これは「節内流用」「配当替え」などと呼ばれ、決裁区分がゆるくなったり、決算書での書かれ方が違ってきたりする場合もあります。このあたりは、自分のところのルールはどうなっているのか、確認しておくといいでしょう。

最後の手段、予備費

予算が足りないときに使える手段はもう一つあります。それが**「予備費」**です。地方自治法にきちんと規定があり、少なくとも一般会計には予備費を計上しておかなければならないことになっています。自治法には「予算外の支出又は予算超過の支出に充てるため」と書かれていますので、まさに「お金が足りなくなったときに使うもの」です。

予備費は、歳出予算の最後の款に設定されています。その金額自体は皆さんの自治体の規模によっても変わるでしょうが、予算の最後にまとまった金額が載っているはずです。使いたいときには、不足を生じたところに予備費から予算を動かして、その代わり予備費の残額を減らします。そのため、予算の総額は変わりません。この点では流用と似ていますが、**款項をまたいでどこにでも使える**、という点に違いがあります。ちなみに、予備費を使うときは流用ではなく、「充用」と呼びます。

緊急避難的な財政民主主義の例外として設けられている規定ですから、首長の裁量で使うことができますし、決算書で登場する（≒議会の決算審査で聞かれる）ことを除けば、議会への使途の報告や承認も特別には要りません。流用と違って、自分の課の他の予算が減るわけでもありません。この点では、事業課にとっては最高に使い勝手のいい仕組みなのですが、あくまで例外の緊急避難ですから、これこそ濫用は禁物です。

首長の意向で、予備費を政策的な使途に充てる例も散見されますが、こういった使い方は後々になって火種になることもあります。**基本的には、災害時などの緊急対応や、住民の生命や財産、行政サービスの継続性を守るために必要なものに限ると考えておきましょう。**

図-④　流用ができる範囲と予備費充用のイメージ

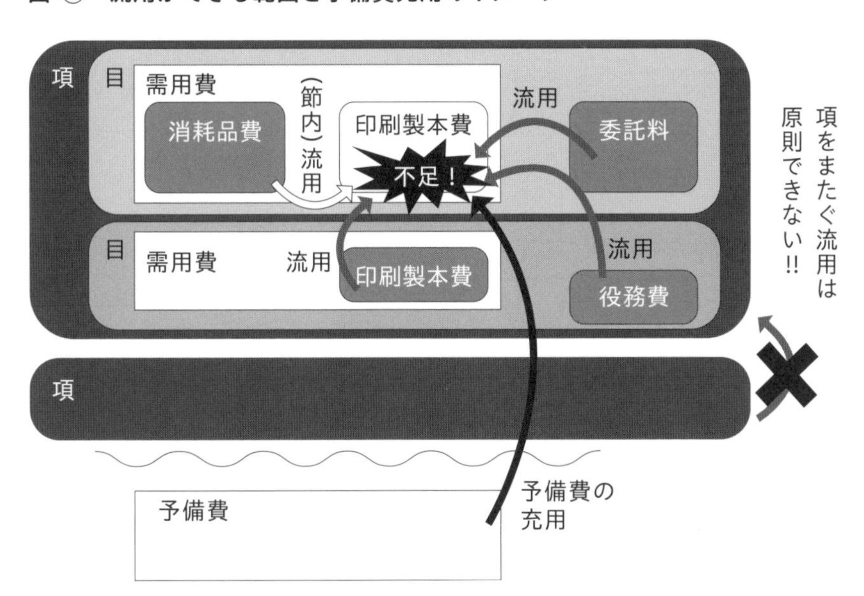

ここに注目！

流用や予備費は、現場としては予算不足を簡単に解決できる便利な手段です。ただ、しつこいようですが濫用は禁物。その判断の具体的な考え方は、第５章で詳しく説明します。

② 息の長い大工事をしたかったら「継続費」

年度をまたぐ方法はいくつかあります。あまりピンとこない人も、いつ出合ってもいいようにしておきましょう。まずは「継続費」から。

どう考えても一年では終わらないものもある

会計年度独立の原則を杓子定規に捉えると、どんな事業も１年以内に終わらせなければならなくなりますが、実務上はそうもいきません。わかりやすい例で言えば、庁舎や学校などのような大きな施設をイチから造ろうとしたら、工事期間はかなり長期にわたるので、１年で完成させるのはなかなかキビシイはずです。こういうケースでは、工事契約（支出負担行為）は最初にしますが、工事費の支払いは前払い分を除けば完成後です。

一方、歳出予算はその年に支出する分しか計上しないので、工事契約と竣工が年度をまたぐ場合、契約時には歳出予算がないのに支出負担行為をすることになります。そうすると、総計予算主義や会計年度独立の原則に引っかかってしまいます。

ではどうするのか。そんなときに使えるのが**「継続費」**です。

継続費は、最初から１年以上の期間がかかるとわかっている支出について、あらかじめ議会の議決をもらっておく仕組みです。議決をもらう以上、予算の一部であり、第１章で説明した予算の議案部分である「第○表～」の一つとして扱われます。議決をもらうのは、継続費の総額と、年度ごとの予定額（年割額）。年度ごとの額を決める関係上、何年かかるのかも当然定めておくことになります。

また、継続費はそれ自体とは別に、各年度の年割額をそれぞれの年度の歳出予算にも計上することになります。その年度で終わらない契約をしていい権利を継続費で議決してもらって、各年度の支払いのお許しは歳出予算で議決をもらう、というイメージで捉えるとわかりやすいのではないでしょうか。

継続費の便利なところ・面倒なところ

継続費のいいところは、ある年度に使い切らなかった分を後の年度に繰り越して使える権利が付いてくるところです。これを「逓次繰越」といい、継続費の大きな特長になっています。継続費はこれができるので、事業の進捗により契約変更や仕様変更の可能性が高いハード整備でよく活用されています。

一方で、この逓次繰越を使って事業費を繰り越した場合は、主に6月の議会で「繰越計算書」という報告が必要になります。さらに、事業が終了した後の9月議会では、逓次繰越の有無に関わらず、継続費総額の精算報告をしなければなりません。便利な分だけ縛りもある、ということでしょうか。

図-⑤　継続費のイメージ

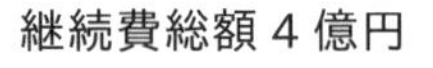

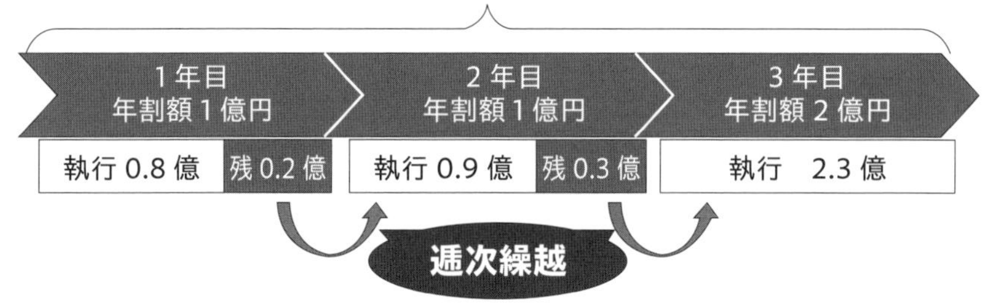

プラスワンポイント

とても便利な継続費ですが、複数年にわたるような大きなハード整備自体、それほどポンポンあるようなものではないので、実はあまり見る機会はないかもしれません。とりあえず知識として持っておきましょう。

③ やってみたら終わらなかったときは「繰越明許費」

年度内に終わるはずが終わらなかったり、年度後半に突発的にやらなければならなくなったり。こうした事態に対応するのが「繰越明許費」です。

繰り越すことを明らかにして許してもらう

例えば、「当初予算に計上したときには年度内に終わるはずだった工事が、資材不足で終わらなさそう」とか、「年度後半になって国が給付金事業を打ち出して補正予算がついた。すぐ始めなくちゃいけないけど、どう考えても年度内に終わるわけがない」というケース。仕事をしていればいくらでもありますよね。特に後者のような国絡みの案件は、近年「15か月予算」という言葉もあるように、毎年発生しています。

こういった事態に対応するために設けられている会計年度独立の原則の例外規定が、**「繰越明許費」**です。**繰越明許費を設定すれば、次の年度にその分の予算を繰り越して使うことができます。**これも継続費と同様に予算で定めるので、「第○表〜」の一つとして扱われます。予算で定めるのは、「何をいくら繰り越すのか」だけです。その事業の全てを繰り越すこともできますが、基本的には終わらない部分だけの金額を設定します。

イメージとしては、支出していいかどうかのＯＫは歳出予算の議決でもらっていて、繰越明許費はその一部または全部を次年度に繰り越していいかの議決を追加でもらうようなものです。先ほどの例で言えば、１つ目のケースでは終わらない部分の繰越明許費だけを補正予算で追加、２つ目のケースでは歳入歳出予算と繰越明許費を同時に補正予算に計上、という形になります。

繰越明許費の便利なところ・面倒なところ

繰越明許費は、繰り越"してもいい"額の議決をもらうものなので、「繰越明許費を設定はしましたが、運よく資材が入ってきたので年度内に終わりました」となれば、それはそれで良しです。なので、「終わらない可能性があるから、念のため設定しておこう」という使い方もできます。

ただし、実際に繰り越したかどうかを問わず、繰越明許費を設定したものについては、継続費と同じように、6月議会で繰越計算書の報告が必要になってきます。

もう一つ、繰越明許費で注意が必要なのは、**繰り越せるのは一年限り**であるということです。繰越明許費は、たまたま年度をまたぐ事業の場合に設定するものです。事業期間が一年以上かかることが最初からわかっているなら、継続費か債務負担行為を検討すべきかもしれません。

ちなみに、繰越明許費と似たものとして、「事故繰越し」という仕組みがあります。例えば、3月の議会が終わってから想定外の事態が発生して年度内に終わらなくなってしまった事業があったら困りますよね。こういうときのために、議会で繰越明許費の議決を受けなくとも繰り越すことができる規定が一応あるのです。

ただ、これがなんでもかんでも濫用できてしまっては繰越明許費の意義がありません。あくまでやむを得ない事故の場合に限られます。

事故繰越しは事前の議決こそいりませんが、繰越計算書の報告は必要なので、その際にはどういう事故なのか、議会などでしっかり説明責任を果たさなければなりません。決して、狙ってやるようなものではない、例外中の例外です。

プラスワンポイント

近年、給付金などを国が補正予算で打ち出すことが増えたので、自治体側では以前よりさらに繰越明許費が多用されています。事業分野を問わず幅広く出てくる可能性がある仕組みです。

④ 複数年契約したいときは「債務負担行為」

年度をまたぐ契約はできないと言いつつ、様々な局面で、長期間のリースや委託などが活用されています。これを可能にしているのが「債務負担行為」です。

債務負担行為と継続費・繰越明許費の共通点・相違点

公用車、パソコン、コピー機などのリース契約や、施設の指定管理、コミュニティバスの運行などでは、３年、５年といった長期間の契約をするのが当たり前になっています。**債務負担行為は、主にこういった複数年の契約をしたいときに使われている仕組みです。**

これも予算に定めておくもので、継続費や繰越明許費と同じように、「第○表〜」の一つです。定めるのは、「ここまでの金額は契約していい」という限度額と、契約していい期間です。

ここまで続けばおわかりでしょうが、継続費・繰越明許費・債務負担行為の共通点は、予算の一部であることです。これらは、歳入歳出予算には載ってこない後年度の負担についても予算に定めておくことで、総計予算主義と会計年度独立の原則に折り合いをつけている、ということなのかもしれません。ちなみに、予算に登場するときの順番は、継続費⇒繰越明許費⇒債務負担行為で、自治法上も債務負担行為は「継続費と繰越明許費のほか、債務を負担するときに定める」とされています。

継続費や繰越明許費は、その予算に基づく契約（支出負担行為）をしないままでも次の年度に予算を持ち越すことが制度上は可能です。一方で債務負担行為は、複数年契約をしていい権利だけを与えてもらうようなものですから、**設定した年度のうちに契約をしておかなければならず、設定した年度を過ぎてしまうと、基本的には変更できなくなります。**そのため、契約変更が発生しやすいハード事業では使いづらく、一度契約すればさほど変更が生じないような、物品の賃貸借や業務委託などに使われることが多くなっています。

ちなみに、支出負担行為と字面が似ているので混乱しがちかもしれませんが、支出負担行為と債務負担行為の２つは全く別のものです。支出負担行為は、「支出をするぞ」という庁内の意思決定ですが、債務負担行為の設定は、「次年度以降の債務を負担する行為（契約）をしてもいいぞ」というお墨付きを議会からもらう手続きです。

債務負担行為を取らなくてもいい長期契約もある

自治体が結ぶ全ての複数年契約が何かしらの予算上の定めを置かなければならないかというと、実はそんなこともありません。

例えば、水道や電気などのライフラインの契約は、自治法で長期契約をしていいことになっているので、債務負担行為はいりません。

また、自治体によっては、「車や事務機のリースに債務負担行為なんて設定してないよ」というところもあると思います。平成16年の自治法改正で、自治体が長期継続契約を締結できる条例を定めることができるようになったので、そういった条例を設けている自治体では、条例に定めた範囲で債務負担行為を設定することなく長期継続契約ができます。

「支出負担行為（≒契約）は、法令または予算の定めによらなければならない」という縛りがありますが、これらは法令によって契約ができるようになるもの、と言えるでしょう。一方で、予算によって長期契約ができるようになるのが継続費や債務負担行為、と整理しておくとわかりやすいかもしれません。

プラスワンポイント

年度またぎの仕組みは少々難しいですが、きちんと設定しないと事業に支障をきたすこともあります。まずは基本的な知識を押さえておき、「何か関係してきそう」と思ったら、すぐ財政課に相談しましょう。

⑤ 決算は「まちづくりの通信簿」

「予算」と対になるのが「決算」。どの自治体でも９月議会の一大イベントです。この決算について、改めて確認しておきましょう。

予算は「議決」、決算は「認定」

財政に関して議会にかけるものは、当初予算や補正予算だけではありません。そう、ご存じ「決算」です。

毎年９月ごろの議会では、前年度一年間の予算執行などを決算にまとめ、議会にかけています。これも自治法にちゃんと定められていて、予算は「議決」、決算は「認定」とされています。これはなぜかというと、予算はあくまで「案」であり、可決してもらわないと執行できませんが、決算は去年やったことを報告し、それが適正と認めてもらえるかどうかの判断を求めるものなので、「認定」という言葉になっています。

決算は、良くも悪くも、もう終わってしまった予算の執行に関するものです。そのため、仮に認定してもらえなかったとしても、これから何かが明確にできなくなるわけでも、払ってしまった経費や実施した事業が無効になるわけでもありません。とはいえ、**決算は議会制民主主義の統制の一つとして、行政が提供してきた住民サービスが効率的にきちんと効果を上げたのかを、住民の代表である議員に確認してもらい、認めてもらうという大事なステップ**です。

もちろん議員だけではなく、住民や事業者、さらには移住を検討中の人など、様々な人たちから評価されることになります。

評価をしてもらうにあたって、決算の内容をわかりやすく説明するために、決算書とは別に、報告書のような冊子や資料を作っている自治体も多いと思います。そういった報告書では、良い評価をもらえるよう、きちんと成果をアピールしていく必要があります。そういう意味では、決算は、まちづくりの設計図である予算に基づいて執行した結果を、第三者に評価してもらうための通信簿、と言えるのかもしれません。

いい決算は、日々の執行管理から生まれる

もし決算が不認定なんてことになると、新聞沙汰にもなりますし、どこがどうダメだったのかを真摯に受け止めて、現年度の予算執行や次年度の予算編成に反映していかなければいけません。もちろん、認定さえしてもらえばオールＯＫ、というわけでもなく、**決算審査の過程で出た意見をしっかり受け止めて、今後につなげていく必要があります。**

それと、予算で想定していなかった事態が起こって流用や予備費を使った場合、どこから流用してどこに使ったか、予備費を何に使ったかなども、しっかり決算書に書かれることになります。そのため、便利だからといってあまり筋の通らない流用や予備費充用をしてしまうと、「補正予算を出すこともできたはずなのに、議会の議決を経ずに執行したのは議会軽視だ」などと言われかねません。何か補正予算に出しづらいような後ろ暗い事情でもあったのかと、痛くもない腹を探られたりするかもしれません。

他にも、執行率が低い歳出とか、大きく未収入になってしまった歳入などは目立ちますから、質問を受けがちです。そういった事態を避けるには、「決算のときにどう見えるか、きちんと説明はつくのか」を心に留めて日々の予算執行をしていく必要があります。なにせ**決算は過去のこと。決算議会前になって慌てても、過去はもう変えられない**のですから。

ちょっと寄り道

第３章で登場する財政指標も、その多くは決算の数字から算定されています。財政状況の良し悪しを測る指標のもとになっているという意味では、決算は自治体財政の通信簿とも言えるかもしれませんね。

⑥ 財源を制すものは予算を制す

予算編成では、「財源」は非常に重要です。自分の課が所管する事業の財源は、きちんと説明できるようにしておきましょう。

特定財源と一般財源の違い

しつこいようですが、予算上、歳入と歳出はイコールの関係です。事業課としてはどうしても歳出を中心に考えてしまいますが、歳出には、同額の歳入、つまりは財源が必ずあるはずです。となれば、自分の所管する事業に使うお金の出どころは一体何なのか、知っておかなければなりませんよね。

第１章の事項別明細書（P.20）のところでも少し説明したとおり、財源は**特定財源**と**一般財源**の２種類にまず分けられ、特定財源はさらに「**国（都道府県）支出金**」「**地方債**」「**その他**」の３種類に分類されています。歳入予算の款は都道府県で15、市町村では21以上ありますが、それらの歳入の全てが、歳出側から見た財源としてはこの４つのどれかに分類されることになります。

図-⑥　財源の分類と歳入の区分

<table>
<tr><th colspan="2">歳出側から見た財源の区分</th><th>歳入の款ごとの区分</th></tr>
<tr><td rowspan="3">特定財源</td><td>国(都道府県)支出金</td><td>国庫支出金、都道府県支出金</td></tr>
<tr><td>地方債</td><td>地方債</td></tr>
<tr><td>その他</td><td>分担金･負担金、使用料･手数料、財産収入、寄付金、繰入金、諸収入など</td></tr>
<tr><td colspan="2">一般財源</td><td>地方税、地方譲与税、地方交付税など</td></tr>
</table>

特定財源、特に国（都道府県）支出金や地方債などは、基本的には何かの事業に伴って発生する歳入です。これらは、その事業がなければ歳入もなくなるので、「事業をやめたら他のことに使える」ということにはなりません。また、歳出金額を超えることは基本的にはなく、「歳出≧特定財源」です。例えば、事業費の半分に国の補助がもらえたり、施設整備費の3/4が地方債として借りられたりする、という図式です。

そして、その半分なり3/4なりの差額を埋めるのが、一般財源です。**一般財源は、原則として使途に制限がなく、何にでも使えるお金**で、何かの事業をやめれば、その分の一般財源は他のことに使えます。大部分は地方税や地方交付税であり、平たく言えば、地方自治体の身銭です。

誰だって身銭は切りたくない

身銭を切る、自腹を切る、という言葉がありますね。自分のお金を使って何かを払うことを言いますが、わざわざそう表現する裏には、「限りある財産を泣く泣く切り崩して」的なニュアンスが漂う言い回しです。

自治体も、どんどん身銭を切っていくとだんだん一般財源がなくなっていくので、財政課は「一般財源をどれくらい使うか」をものすごく気にしています。よほど裕福な自治体でない限り、できるだけ一般財源の持ち出しは避けたいというのが本音で、だからこそ、一般財源をたくさん使う事業にはいろいろ目くじらを立てるわけです。

なので、予算編成にあたっては、国や都道府県からの補助、有利な地方債、公益法人からの助成、サービス利用者からの自己負担などをはじめとした特定財源をうまく使って、**少ない一般財源で多くの事業ができる予算を組み立てていくのがとても重要なのです。**

プラスワンポイント

実は、特定財源とされている歳入には、例外的に一般財源として扱われるものがいくつかあります。特に、自治体の財政運営に深く関わってくるのが、財政調整基金の繰入金。第３章で詳しく説明します。

COLUMN 2

「まちづくり」を考える

予算はまちづくりの設計図、決算はまちづくりの通信簿、とお伝えしました。でも、「まちづくり」ってそもそもなんでしょうか。

けっこう幅の広い概念ですよね。都市計画や建築の分野で使われることも多いですし、商工業の振興、イベント、住民活動や行政との連携、といった文脈で登場することもあります。「地域活性化」もそうですが、便利に、ともすれば安易に使われがちな言葉です。この手の言葉は、下手に使うとボタンの掛け違いを生んでしまいます。

そこで生まれるのが切り口です。よく使われるのが、「ハード」と「ソフト」でしょうか。まちづくりをハード面とソフト面で分けたり、さらには「その両方が必要だ」「バランスが大事だ」と言ったりします。

これは全くもってそのとおりで、いわゆるハコモノを造るときは、「そこでどんな活動が生まれ育つのか」もセットで考える必要があります。

さらに、個人的にはもう一つ、ハード・ソフトそれぞれの「時間軸」の観点も忘れてはいけない、と考えています。

ハードだったら、造ったハコモノはいずれ陳腐化します。中長期でどう維持管理していくか、造る時点で考えておかなければいけません。

ソフトも同じです。例えば「住民主体の活動を官民連携で」なんて都合のいいことを考えるときは、やりたい人がいる今がよければそれでいい、というわけにはいきません。先々まで、その活動の担い手が継続して生まれ続ける仕組みも一緒に考えていかなければ、その活動はまちに根付きません。それでは、真の意味での「まちづくり」にはなりません。

まちづくりは、時間軸の観点を踏まえて「未来のまちをつくる」こと。予算書や決算書は、「私たちが目指す未来のまちの姿」を指し示すものでもあるのです。

第3章

管理職なら
知っておきたい、
わがまちの財政

① 財政課の「お金がない」はホントなのか?

財政課が「お金がない、財政が厳しい」と言うのを聞いて「ホントかよ」と思う人も多いのではないでしょうか。ホントかどうか考えてみましょう。

フェイクを見破りたいなら知識が必要

庁内通知や議会答弁など、何かあるたびに財政課はしつこく「ウチは財政厳しいんだ」というメッセージを発しますよね。皆さんも耳にタコができているのではないでしょうか。

一方で、毎年、予算はいつの間にか組み上がっていくし、その総額は、自治体によっては何百億、何千億にもなったりするわけです。「なんだかんだ言ってお金はあるんじゃないか。財政課はオオカミ少年なんじゃないか」と思っている人もいるでしょう。

皆さんの自治体の財政状況が、ホントのところどうなのかはわかりません。でも仮に、財政課が大げさに言っているだけだとすれば、そのフェイクを見破るためには、**「そもそもお金がないというのはどういうことなのか」**を知る必要があります。まずは、一般論としてお金がなくなるメカニズムを見ていきましょう。

お金がなくなるメカニズム

私たち自身が「お金がない」と感じるのはどんなときでしょうか。地方公務員も給与所得者ですから、「給料が少ない＝お金がない」というのはわかりやすい方程式です。でも、例えば独身の実家暮らしで初任給をもらっていた頃と、家族を扶養しながら管理職手当をもらっている今と、どちらが「お金がない」と感じるかは、実は人それぞれなのではないでしょうか。収入が多ければお金があるとは限らず、支出の多さによっては、まったく豊かさを感じられないこともありえます。**大事なのは、収入や支出そのものの多さではなく、その差し引き**なのです。

他にも、貯金や借金は、その総額がシンプルにお金のある／ないの基準になる要素ですね。**貯金は、収入と支出の差し引きがプラスなら貯まっていくし、マイナスなら減っていきます**。借金は、例えばクルマや家などの資産を買うため、あるいは生活費の足しにするために借りたお金。すでに使ってしまっているのでお金としては手元にない一方で、返すときには手元の資金で返済しなければいけません。**返済は支出の一種なので、後々の収支差し引きの悪化につながります**。

こうやって整理してみると、「お金がない」と一口に言ってもいろいろ種類がありますね。大きく分けて**①収支の差し引き、②貯金、③借金の3つ。さらに、この3つは相関していることもわかります。**

図-⑦　お金がなくなるメカニズム

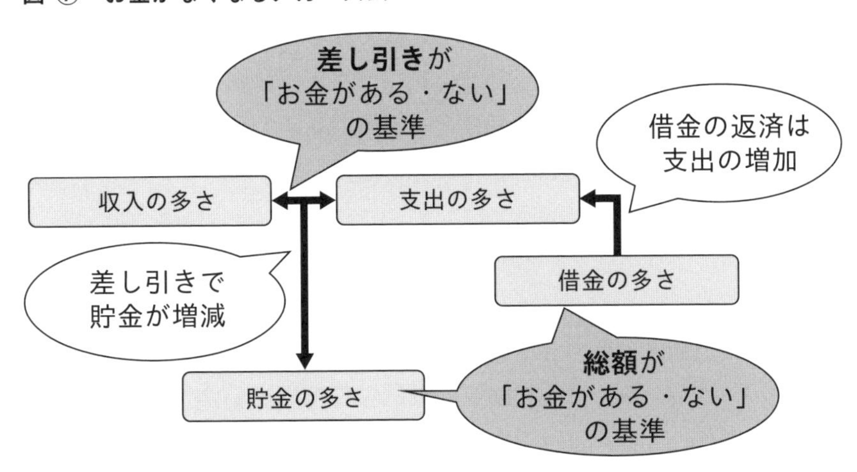

ここに注目！

ここまでは一般論ですが、この3種類の「お金がない」、それぞれ自治体では、具体的にどんなことを指しているのでしょうか。次項から、もう少し掘り下げていきましょう。

② 歳入歳出のバランスが悪いと「お金がない」

自治体の予算は歳入＝歳出です。常にバランスが取れているように見えますが、実はバランスが崩れた状態になっていることもあります。

「一般財源ベースで」ってどういう意味?

財政課はよく「一般財源ベース」って言葉を使いますよね。今さらながら、これってなんなのか、皆さんご存じでしょうか。

第１章・第２章でも出てきましたが、財源には特定財源と一般財源があり、一般財源がいわゆる「身銭」でした。そのため、**お金のある／ないを判断しようとするときは、一般財源で見るのが通常です。**

歳入側では、例えば地方税や地方交付税などの一般財源がどれくらい入ってきそうなのか。歳出側では、国や都道府県からのお金や、地方債などを除いた一般財源がどれくらい必要なのか。そのバランスで、お金のある／ないが決まってくるわけです。

とはいえ、予算上は一般財源も歳入＝歳出になりますので、まだこれだけでは、バランスの良し悪しという話にはなりません。ここで加わるのが、**臨時**と**経常**、という分類です。

簡単に言うと、臨時は一回限りで終わるもの。例えば完成したら終わりのハード整備、その年やったら終わりの一過性のイベントなどに使われる経費です。経常はその逆、ずっと続く行政サービスや毎年使う経費です。

この臨時と経常は、歳入と歳出の両方にあります。歳入側では、例年同じように課税し、収入されるであろう地方税や地方交付税などが主な経常一般財源です。

歳出側では、いつもどおりに行政運営をやっていれば出ていくであろう、人件費や社会保障関係費、過去の借金の返済、施設の維持管理、恒常的な行政サービスなどが主な経常経費です。そこに充てられる特定財源を引いた残りが、経常経費に充当される一般財源になります。

そして、「入るを量りて出ずるを為す」の基本原則に立ち返れば、この経常かつ一般財源ベースでの歳入と歳出を差し引きして、残ったお金が、臨時的な事業、政策的な事業に充てられる一般財源になるわけです。

ということは、**経常かつ一般財源ベースでの歳入歳出のバランスが悪いと、自由に使い道を決められる政策的な事業ができる財源が少なくなるので、「お金がない」**ということになっていくのです。

予算ベースと決算ベースの違い

予算上は取れているはずの歳入歳出のバランスを崩すもう一つの要因が、**「歳入割れ」**です。**予算で見積もったよりもお金が入ってこないことを言います。**地方税や地方交付税などの一般財源が割れた場合は財政課が冷や汗をかくだけですが、皆さんの課でも、国庫補助の内示割れなど、特定財源が減るケースがありえます。

もし、特定財源が割れたのに事業費は歳出予算どおりに使うとすると、割れた分は一般財源で賄うことになるわけで、まさに「身銭を切るハメになる」という表現がピッタリの事態が起こります。

そのため、「特定財源が割れたらその見合い分までしか予算は使えない」というルールを敷いている自治体も多いのではないかと思います。事業課としては、「歳出予算はあるんだから予定どおり執行させてくれ」と言いたいところですが、そこは要相談です。**補助割れは、わかった時点で正直に財政課に報告して、善後策を相談す**ることをオススメします。

ちょっと寄り道

財政課が、先々まで継続する事業を新たに始めるのにいい顔をしなかったり、補助割れに過敏に反応したりする理由が、少しご理解いただけたでしょうか。バランスが大事なのは、財政も食生活も一緒ですね。

③ 貯金が少ないと「お金がない」

貯金がない状態は誰しも心理的に厳しいものがあります。自治体も同じです。だから、財政課は自治体の貯金＝基金を大事にしているのです。

貯金＝基金には、いろいろな種類がある

自治体の貯金を、**「基金」**と言います。自治体が基金を作るには条例で定める必要があります。条例では、その設置目的や貯めたお金の使途が定められています。

基金には、大きく分けて積立基金と運用基金がありますが、ほとんどが積立基金なので、運用基金の話はこの際省略します。

積立基金はさらに、特定目的基金と一般財源基金に分けられます。平たく言えば、前者は特定財源になる基金、後者は一般財源になる基金です。

特定目的基金は、例えば施設の整備や、福祉、教育、産業振興といった個別分野など、何か特定の目的のために貯めるお金です。例えば、庁舎を建て替えるために数年かけて「庁舎建設基金」を貯めて、それを頭金にして庁舎を建設する、といった使い方をします。

それに対して一般財源基金は、主に財政調整基金と減債基金の２種類があり、減債基金はその名のとおり借金の返済に使う基金です。一方の財政調整基金が、財政課が最重要視する基金です。

財政運営の万能選手、ザイチョー

この財政調整基金、略してザイチョーは、何にでも使える一般財源の基金ですから、いろいろな使途で使われています。

わかりやすいところでは、予算編成で大活躍します。予算編成の終盤で、歳出側をがんばって切り詰めて、歳入側をある程度強気で見込んでも、それでもなお「歳入側で見込める一般財源＜歳出側で必要な一般財源」の状態だったとします。ここで、**最終的に歳入＝歳出にするため、歳入側に臨時の一般財源として投入されるのがザイチョーです。**

これが、皆さんが疑問に思っている「毎年お金がないと言いながらも、最後には予算が組めている」カラクリです。**その年の収入だけではその年の支出を賄えないから、過去からの貯金を崩してなんとかしている、**ということなのです。

「入るを量りて出ずるを為す」「会計年度独立の原則」といった考え方に照らすと、あまりいい状態ではありません。当初予算編成での財政調整基金繰入金が毎年多く、残高が減少傾向にある自治体は、ひょっとしたら身の丈に合っていない行政サービスをやっているのかもしれません。皆さんのところはどうでしょうか。

ザイチョーは、**「万が一の事態への備え」**でもあります。例えば、災害などの不測の事態。地震や水害などの天災もそうですが、コロナ禍では、多くの自治体がいったん自分たちの財政調整基金を大きく取り崩して、住民や事業者のための緊急措置を行いました。最終的には国が全国的な財源措置をしてくれた部分もありますが、国がどう動くのかを決めるまでには時間がかかります。それまでは、**自治体は各自の判断で、身銭を切ってでも、一刻も早く住民を守らなければならない**のです。

だから、ザイチョーの残高は財政課がすごく気にするポイントです。最近では、自治体は基金を貯めすぎという批判も一部にあったりしますし、実際貯めすぎの自治体もあるでしょう。それでも、**規模に応じてある程度の残高は持っておかないと、何かあったときの対応力に差が出てきてしまう**のではないかな、と思います。

ちょっと寄り道

ザイチョーの大切さ、ご理解いただけたでしょうか。財政課が予算を厳しく査定したり、うるさいことを言ったりするのは、究極的にはザイチョーの取崩しをできるだけ減らすため、という側面もあるのです。

4 借金が多いと「お金がない」

自治体の財政運営では、うまく借金をしていくことも必要です。特にハードを所管する課では、地方債の使い方をしっかり覚えておきましょう。

自治体の借金＝地方債の意義

自治体の借金＝地方債は、今年の支出のために、来年度以降の返済負担を負って借りるものです。会計年度独立の原則からすると、少し違和感がありますよね。しかし、これにはきちんと意義と理由があります。

極端な例を出すと、何十年も使う施設や道路を、今年の税金だけを財源にして造ると、来年転出する人はほとんど使わないのに負担だけする一方、来年以降に転入してくる人は一円も負担していないのにその施設を使えることになります。果たしてそれは公平と言えるでしょうか。

そうした、**「時間をまたいだ住民負担の平準化」という観点で、地方債は適切に活用していくべきもの**であり、自治体においては無借金経営がいいとは限らないのです。

とはいえ、もちろん濫用は禁物です。**過去に作った借金の返済（公債費負担）は義務的経費ですから、歳入歳出のバランス悪化を招きます。**地方債の借り過ぎは、未来時点での行政サービスの自由度、大げさに言うと、未来の住民の自主権を制限することにもなりかねません。

地方債で大事なのは、充当率と交付税措置率

個人で借金をするときに重視するのは金利ですが、自治体の地方債では他にも重要な要素があります。それが、**充当率**と**交付税措置率**です。

平たく言うと、**充当率は、事業費のどの程度まで地方債を借りていいのかという割合**のこと。**交付税措置率は、返済のときに国が一部負担をしてくれる割合**のことです（交付税措置については、次のページでもう少し詳しく説明します）。

地方債には借りる対象の事業によって様々なメニューがあって、充当率や交付税措置率が変わってきます。下の図は、100の事業費がかかる建設事業に対する、充当率75%・交付税措置なしの「一般単独債」と、充当率95%・交付税措置率70%の「合併特例債」の計算です。

前者だと100のうち75が借金、25は頭金として一般財源か基金で対応します。支出の時期が違うだけで、結局は全額が自治体負担です。一方で後者は、頭金が５で済むうえ、返済時に約７割を国が負担してくれるので、計算上、最終的な自治体負担は1/3で済みます。同じ借金でも、**どんな事業にどんな地方債メニューを使うかで、大きな負担の差が出てくる**のです。

図-⑧　充当率と交付税措置率の考え方

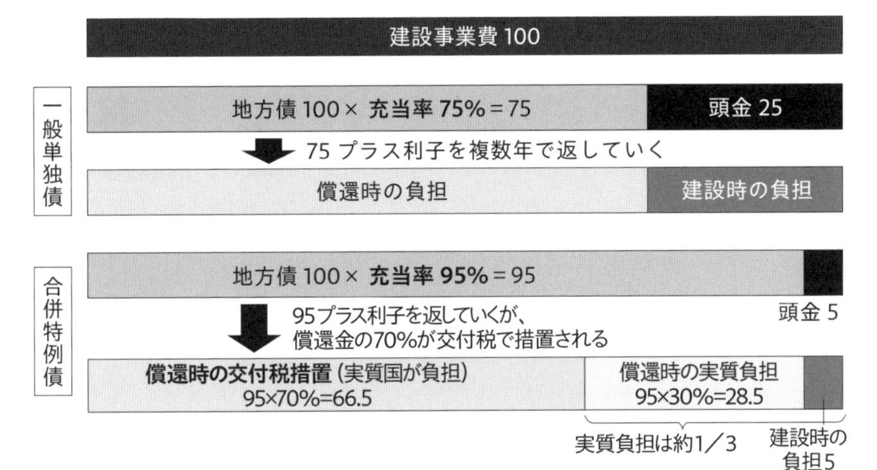

プラスワンポイント

地方債を借りるときは、充当率と交付税措置率が高いメニューを選ぶのが大事です。充当率が高ければ頭金として取り崩す資金をリザーブでき、交付税措置があれば将来世代に負わせる実質負担を減らせるからです。

⑤ 事業課も無関係ではいられない「地方交付税」

地方交付税は皆さんの課の事業にも広く関係がある財源です。自治体職員、ましてや管理職なら、仕組みくらいは理解しておきましょう。

自治体職員なら、ザックリは知っておくべき交付税

大雑把に言うと、地方交付税は、「基準財政収入額＝フツーにやっていれば入ってくる収入(A)と、基準財政需要額＝フツーにやっていればかかる支出(B)を比べて、足りない分(C)を国からもらえる仕組み」です(これとは別の方法で算定する部分もありますが、この際省略します)。

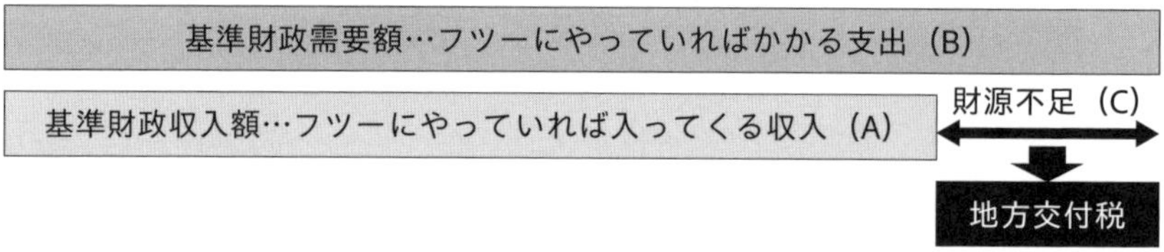

基準財政需要額…フツーにやっていればかかる支出（B）

基準財政収入額…フツーにやっていれば入ってくる収入（A）

財源不足（C）

地方交付税

この「フツーにやっていれば」がミソで、交付税の算定は、実際に入ってくるお金や、実際にかかったお金とは違う、言ってみればバーチャルな数字です。実情を反映しつつも不公平にならないように設計された、全国一律の巨大な計算式で算定されています。収入(A)の側では、標準的な税率などを基にした地方税の3/4などが、全国一律のルールで試算されます。支出(B)の側では、国が考えている標準的な行政サービスの経費が、各自治体の人口や面積などを代入して積み上げられています。

ここでいう「国が考える標準的な行政サービス」に含まれていることを、**「交付税措置（地方財政措置）がある」**と呼んでいます。交付税措置があればあるほど「支出」(B)が増えますので、「収入」(A)との差額である「財源不足」(C)が増える、つまり交付税が増えます。

「支出」(B)には、実に多種多様なものが交付税措置されていて、福祉や教育、消防などはもちろん、「地方創生」なんてものも、ざっくりとは措置されています。

51ページの地方債の交付税措置も同じ図式です。この支出(B)の中に、毎年の借金返済時の交付税措置額がプラスされることで、財源不足分(C)が大きくなり、交付税が多くもらえるようになるのです。

その事業、交付税措置ありますか?

この交付税措置の有無やされ方は、その事業の性質や予算査定にも関わってきます。つまり、**財政課との交渉も、議会や住民への説明も、交付税措置によって大きく変わってくる**可能性があるのです。

というのも、国が「標準的なサービス」だと言っているのであれば、その分の予算は確保しておかないと説明がつきませんよね。一方で、標準的なサービス以上に広げようとか、ないものをやろうとするなら、その分は交付税では措置されません。その手の＋αは、算定で使っていない地方税の残り1/4や、自治体独自の他の財源を使ってやりくりする、という理屈になります。当然、お財布事情と相談になってくるわけです。

一方で、何にどれだけ交付税が措置されているのかは、措置のされ方によってカッチリ計算できるとは限りません。また、個別の事業に直接充てられる特定財源の国庫支出金と違って、交付税は一般財源として全体のなかに溶け込んでしまうので、事業課には少々わかりづらいところではあります。とはいえ、知らないままというわけにもいきません。

ある程度は仕組みを理解しておいて、もし、国が送ってくる制度説明の資料に「交付税で措置」「地方財政措置」なんて言葉があったら、しっかり読んで、財政課にも確認しておくようにしましょう。

プラスワンポイント

交付税の計算の結果が「支出＜収入」の自治体は、交付税がもらえない「不交付団体」となります。裕福な自治体の代名詞ですが、交付税措置があるはずのものが自腹なので、それなりに苦労があるようです。

⑥ 財政指標を知れば、財政課の考えが読める

管理職になると、住民に「ウチの財政ってどうなの？」と聞かれることも。より信頼してもらえるよう、ワンランク上の答えを目指しましょう。

財政の健康も、「バランス」「貯金」「借金」で測る

自治体の財政状況を数字で表すものとして財政指標があります。他の自治体と比べたりすることもあるので、計算方法はだいたい全国統一。財政状況を的確に表すために頭をひねって考案されたものなので、これを見れば、その自治体のどこがどう強いのか、弱いのかがわかります。

財政指標は、自治体にとっては人間ドックの結果みたいなものですし、財政課にとっては成績表に近いものがありますから、数字の上がり下がりはとても気になります。そのため、弱い財政指標がさらに下がるような行動を事業課がしようとすると、財政課に「待った」をかけられがちです。逆に、指標が良くなる方向に向かう行動なら、それほど嫌がりません。実は、**財政課のツボを知ろうとするなら、財政指標を理解するのが手っ取り早い**のです。

第3章では、「お金がある／ない」の仕組みの話をずっとしてきました。財政指標も、結局はその自治体がお金持ちかどうかをいろいろな観点で見ているものなので、ここまでの話と同じように、「歳入歳出のバランス」「貯金＝基金」「借金＝地方債」の3つの観点で大まかに整理できます。

指標の詳しい内容や計算式は省きますが、代表的なものを紹介します。

歳入歳出バランスの指標

歳入と歳出のバランスが悪いと、自由に使い道を決められるお金が少

なくなってしまうと説明しました。そのあたりを示す指標を２つ紹介します。①**経常収支比率**と、②**財政力指数**です。

①経常収支比率は、毎年入ってくる経常的な歳入の一般財源が、毎年使うような経常的な歳出にどれくらい使われてしまうのか、という指標です。「財政の弾力性を示す指標」とも表現されますが、平たく言えば、47ページの**「経常かつ一般財源ベースでの歳入歳出のバランス」がよいかどうか**を割合（％）で示したものです。ちなみに、この割合は低ければ低いほど、弾力性、自由度が高くてよい、ということになります。

②財政力指数は、52ページに出てきた、「フツーにやっていれば入ってくる収入」を、「フツーにやっていればかかる支出」で割ったものです。収入が分子にあるので、この指数は高ければ高いほど良くなります。分母と分子の差額が財源不足、つまり交付税としてもらえる額になるので、この指標が１を超えたら不交付団体。平たく言えば、**「どれだけ交付税に頼らず運営できるか」**を示す指標です。

なんだか同じような計算の指標だと感じたかもしれませんが、少しニュアンスが違います。

例えば、②財政力指数が良く（高く）、税などの財源が豊かで交付税に頼らず運営できる自治体でも、その使い道の多くが経常的な行政サービスだと、①経常収支比率は悪く（高く）なります。

交付税以外の自主財源がどれくらいあるのか、つまりは自治体の地力を示すのが②財政力指数で、交付税も含めた経常一般財源の使い道の自由度を示すのが①経常収支比率、という言い方もできるでしょうか。

貯金＝基金の指標

貯金は残高そのものがお金のある／ないのバロメーターですが、自治体の規模によって扱うお金の大きさは変わってきますから、残高そのもので比べてもあまり意味がありません。そこでよく使われているのが、③**積立金残高比率**と、④**財政調整基金残高比率**です。

この２つ、実は分母は同じです。③積立金残高比率は自治体の持っている基金の残高全体を標準的な財政規模で割ったもの、④財政調整基金残高比率は、ザイチョーだけを標準的な財政規模で割ったものです。

分母になっている**「標準的な財政規模」**とは、「国の考える標準的なサービスを基本にすると、この自治体ならこのくらいの財政規模になるはず」というものです。これも交付税の算定上の数字なので、全国一律の計算式で求められます。自治体間比較がしやすくなるので、こういう財政指標を計算する際によく使われています。

これで貯金の残高を割るので、**「自治体の規模に対する貯金の割合」**を示す指標になります。**自治体間比較でよく使われるのは、自治体の持っている基金全体で比べる③積立金残高比率**です。ただし、このなかには特定の目的にしか使えない基金が含まれるので、財政的な安定性の指標としては使いづらいところがあります。そういう考え方で使う指標としては、ザイチョーだけの残高で見る④財政調整基金残高比率のほうがよいかもしれません。

ちなみに、④**財政調整基金残高比率は、最低でも5%から20%くらいは持っていないと安心とはいえない、とされています。**一方で、貯めこみ過ぎるのもよくないので、どのくらいを目標ラインにするのかは、各自治体の状況によります。経常収支比率が高い場合は多めに持っていたほうが安心とか、災害が多い地域だといつでも動けるように確保しておきたいとか、いろいろな考え方があります。

借金=地方債の指標

借金には、「毎年どれくらい返すのか」と、「全部でどれくらい抱えているのか」の2つの側面があります。それぞれを示すものとして、2種類紹介します。⑤**実質公債費比率**と、⑥**将来負担比率**、です。

ざっくり言うと、⑤実質公債費比率は、その年の借金返済に使ったお金（公債費）を標準的な財政規模で割ったもの、⑥将来負担比率は、今抱えている借金の総額を同じく標準的な財政規模で割ったものです（本当は細かいルールでいろいろと足し算引き算するんですが、全体像としてはこんなイメージです）。

この2つは、夕張市の財政破綻の一件から導入された指標で、国に報告が必要です。あんまり悪いと「財政再建団体」などと呼ばれてしまいますが、2024年時点でそこに引っかかっているのは夕張市だけです。

とはいえ、「よそと比べてどうなのか」「過去と比べて今はどうなのか」を見る指標としては有効なので、特に借金が多めな自治体の財政課は、結構気にしているのではないでしょうか。

「比べてみる」は、自治体職員の必須スキル

人口密度、高齢化率、道路総延長、介護認定率、就業率…。財政指標に限らず、行政のありとあらゆる分野に指標があり、皆さんも自分の事業に関する指標は気になるはず。

こういった**指標は、すべからく何かと「比べる」ためにあります。**

他者比較（よそと比べてどうなのか）や、経年比較（過去と比べて今はどうなのか）は、その分野での自分たちの現在地を示しています。これって、自分たちのこれからを決めるときには、絶対に必要な情報ですよね。どこかに目標を定めても、まず自分がどこにいるのかを知らなければ、ただ迷い続けるだけになってしまいます。

比較したほうがいいのは指標に限りません。自分たちの事業を他自治体ではどんなふうにやっているのか。その分野で先行している自治体はどこなのか。以前と比べて、自分たちの行政サービスに対する住民の評価はどう変わってきたのか。知るべきことはいくらでもあります。

「調べて、比べる」は、管理職のみならず自治体職員の必須スキルです。特に管理職にもなると、仮に自分自身が気にならなかったとしても、**財政課や議会からは必ず聞かれる**ことになります。面倒くさがらず、しっかり調べ、比べたうえで、判断できるようにしていきましょう。

プラスワンポイント

ちなみに、ここでお伝えした財政指標の多くは、一般会計プラス一部の特別会計で構成する「普通会計」というものがベースです。国が定めた統計上のルールで、自治体間比較がしやすいように工夫されています。

COLUMN 3

「詐欺グラフ」に注意

数字や指標を比較したり分析したりするときに便利なのが、グラフです。文章だけの説明より見栄えしますし、わかりやすいので説得力も高まります。表計算ソフトでサクッと作れますし、活用している人も多いのではないでしょうか。ただ、グラフには注意しなければならないポイントもあります。下の２つのグラフを見てみてください。

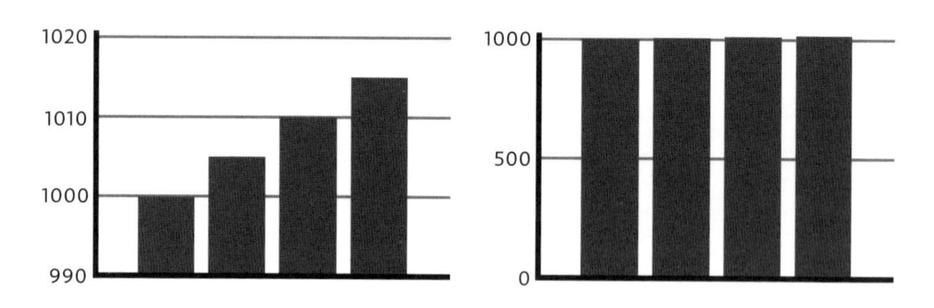

この２つのグラフ、元データは同じで、縦軸の目盛りが違うだけです。でも、受けるイメージは全然違いますよね。真の姿は右側なのですが、左側を見ると、いかにも右肩上がりで増えているように見えます。

この手の、印象操作の意図が見え隠れするグラフを、俗に「詐欺グラフ」と呼んだりもします。これはとても単純な例ですが、他にも３Ｄを活用して空間を歪めたり、目盛り幅の異なる２軸をうまく使ったりと、いろいろな手段があります。ネットで調べると様々な事例が出てきます。

この詐欺グラフ、見る側としてだまされないようにするのはもちろんですが、表計算ソフトが自動で作成するときもあるので、意図せずに誰かをだましてしまわないよう、作る側でも注意が必要です。

逆に印象操作したいときもあるでしょうが、わかる人が見たら必ず見破られます。「何か印象操作したいんじゃないか？」と勘繰られ、余計にツッコまれたりする覚悟も必要です。ご利用はほどほどに。

第4章

管理職のための予算編成のススメ

① まずは知っておくべき、予算編成のルールとゴール

たいていの仕事では、ルールとゴールをしっかり認識するのが大事です。それは予算編成も同じこと。ルールとゴールをしっかり確認しておきましょう。

予算編成はローカルルールの塊

仕事でも、スポーツでも、囲碁や将棋でも、日常生活でもルールを守るのは当然です。もちろん、予算編成にもルールがあります。

ただし、**そのルールは自治体によって千差万別**です。「ひょっとしたら、自分のところと全く同じ予算編成の方法をとっている自治体は、日本中を探しても見つからないのではないか」と感じるほど、自治体ごとのローカルルールがあります。

まず、**予算編成は「一件査定」と「枠配分」という２つの手法に大別されます。**次の項目で説明しますが、この２つの進め方は大きく異なりますし、同じ手法でも、細かい部分は自治体によって様々です。

それ以外にも、自治体ごとに、様々な事情でたくさんの要素が入り込んで、予算編成の方法は複雑怪奇、唯一無二のものにカスタマイズされていきます。

例えば、経費の区分をどうするか。政策的な経費と経常的な経費に分けるところもあれば、ソフトとハードで分けたり、金額設定に対する裁量の有無で分けたりするところもあります。「首長特別枠」みたいなものを設定している自治体もあるでしょう。

他にも、行政評価と組み合わせた仕組みがあったり、現年度（編成したい年度の一つ前の年度）の補正予算と連動したり、３か年計画に基づいた予算の組み立てをしたりする場合もあります。

それぞれのローカルルールの背景には、何かしらの理由があります。自治体の規模にもよったり、首長の意向だったり、何かのトラブルがあって導入された再発防止策だったりすることもあるでしょう。

それらのローカルルールは、各自治体の予算編成への考え方を反映したものですから、「なんでそのルールがあるのか」を知っておくと、立ち回りもしやすくなります。機会があれば財政課に聞いてみると面白いでしょう。「理由を覚えている人が誰もいないくらい昔に決めたことが残っているだけ」、なんてオチもあるかもしれませんが、それならそれでルールを見直すきっかけになるはずです。

ゴールを間違えてはいけない

スポーツや囲碁・将棋と予算編成が大きく違うポイントは、「勝ち負けではない」ということです。予算編成は、「財政課から予算をもぎ取れれば勝ち、論破されて予算を削られたら負け」などという性質のものではありません。

地方自治法の第２条第14項には、「地方公共団体は、（中略）**最少の経費で最大の効果**を挙げるようにしなければならない」と書かれています。これは財政に限った規定ではありませんが、予算編成においては、これを体現する予算を作り上げることこそが、我々の目指す真のゴールです。

そう考えれば、**予算編成は、財政課と事業課が、それぞれの立場で力を合わせて、住民のための予算、未来のまちの設計図を作るチーム作業**のはず。財政課は決して敵ではありません。相談相手だと思って頼っていったほうが、良い予算が作れるはずです。

プラスワンポイント

予算編成は「自分たちのまちの未来」を話し合うためのコミュニケーション手段。そう捉えれば、ユーウツな予算編成作業も、少しはワクワクしながら取り組めるのではないでしょうか。

② 予算編成の２大手法「一件査定」と「枠配分」

予算編成の方法は自治体によって千差万別ですが、その方向性はざっくりと一件査定と枠配分に分けられます。

一件査定と枠配分、コンセプトの違い

下の図をご覧ください。左に財政課、右に事業課という位置関係は同じですが、真ん中にある予算へのアプローチが違います。

図-⑨　一件査定と枠配分のコンセプト

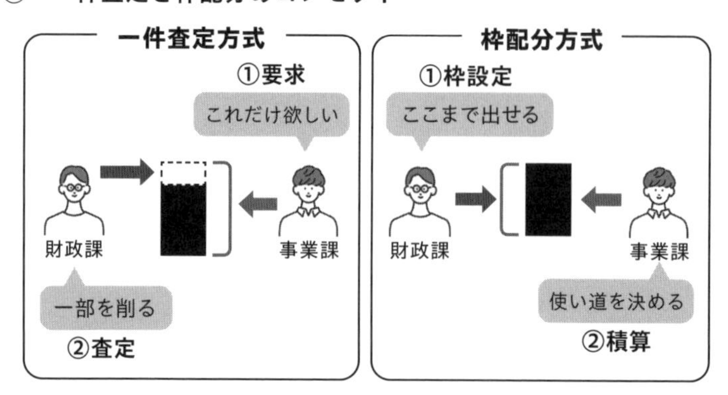

一件査定の方式では、先に事業課が一つひとつの予算を積み上げ、「ウチではこれだけ予算が必要だ」と考える金額を要求（①）します。それを受けた財政課は、これまた一つひとつ妥当性や必要性などを判断して、査定作業、平たく言えば削る作業（②）をしていきます。

この方式は、予算計上の是非や金額を一件ずつ判断していくことから、**一件査定**と呼ばれています。

一方の枠配分方式では、先に財政課が「おたくに出せる財源はここま

で」と考える金額を「枠」として提示（①）します。それを受けて、事業課は、その枠を上限として、お金の使い道を積算（②）していきます。

この方式では、枠を割り当てた段階では、何にいくら予算をつけるのかは決まっていません。財源を枠として配分することから、**枠配分**と呼ばれています。「包括予算」と呼ぶ自治体もあります。

実際には、予算編成時に経費区分をいくつかに分け、ある区分は一件査定、他の区分は枠配分というように、この２つの方式を組み合わせているところも多いです。まずは、自分のところではどういう方法を採用しているのか、理解しておきましょう。

ルートは違えどゴールは一つ

この２つの方法は、実は**「決め方」が違うだけ**です。仮に、事業課と財政課が全く同じ考え方をしていたら、どちらの方法でも同じ予算ができ上がるはずです。

もちろん、実際にはそんなことはありえません。なぜでしょうか。おそらく、それぞれの場所から見えているものが違うからです。

財政課は、第３章で見てきたような、まちの財政状況や、その先行きを見据えています。一方、事業課では、充実した行政サービスを受けて喜ぶ人や、今困っている人たちの姿が見えているはずです。

これは、どちらかが一方的に正しいという話ではなく、どちらの視点も大切で、両立しなければなりません。**予算を組み上げていく過程で、両方の視点を持ち寄って、より良い答えを探していく必要があります。**

そのためのコミュニケーション手段が、一件査定であり、枠配分です。どちらのほうがよりゴールに近いのかは、その自治体の組織文化にもよるので、それぞれ自分たちに合ったやり方を採用しているのです。

ちょっと寄り道

一件査定と枠配分の違いを登山にたとえると、ゴールの山頂は一つで、そこに至るルートが２つあるイメージでしょうか。皆さんは、一件査定ルートと枠配分ルート、どちらが登りやすいと思いますか？

③ 全体スケジュールは頭に入れておこう

予算編成は長丁場。スケジュール感をもって部下に的確な指示を出すには、全体の流れをつかんでおく必要があります。

締切前からの入念な準備がオススメ

予算編成のやり方は、それぞれの自治体によって大きく違うため、当然ながら、その手順やスケジュールも千差万別です。予算編成が本格化するのは秋くらいからですが、どの自治体も、それ以前から少しずつ何かしら動き始めているのではないでしょうか。

早めに予算要求作業が始まる経費区分があったり、行政評価や前年度決算との紐づけ作業があったり、国の予算と同じように、一度概算で予算を積算する、なんて手順を踏む自治体もあるかもしれません。予算編成が行政評価と連動する場合や、補正予算と関連づけている場合は、それらのスケジュールとも関わってきます。

予算の要求より前に、財政課から庁内に調査がかけられたりすることも多々あります。その手の調査モノに回答するときは、先々、これが予算編成にどう影響するかを考えながら対応すべきでしょう。

また、事業課では、来年度に必要な予算を見積もる前に、やっておくべき大事なことがあります。**「自分たちは、来年何をどうやるのか」を先に決める**ことです。

来年度の事業を組み立てて、何にどんなお金がかかるかを具体化したり、業者さんから見積もりをもらったり、という作業には、けっこう時間がかかります。焦って考えてもいいアイディアは生まれません。**財政課から予算要求の締切が示されてから考え始めるのでは、遅いかもしれ**

ません。

予算編成自体は、例年、だいたい同じような流れで動いていることが多いはずです。昨年を参考にしたり、おおまかなスケジュールを財政課に問い合わせたりしながら、入念に準備を進めましょう。

自分の課のスケジュールとも照らし合わせよう

事業課の皆さんは、それぞれ所管の業務をこなしながら予算編成の作業をすることになるので、「ただでさえ忙しいのに、そっちまで手が回らない」といった事態に陥りがちです。

「来年の予算の話なんて後にしてくれ！」と言いたくなる気持ちはわかりますが、忙しいのはみんな一緒。こんなときこそ、管理職の皆さんのマネジメント力が問われます。課の業務の繁閑、部下それぞれの業務負担などを踏まえつつ、的確な指示を出していかねばなりません。

予算編成のスケジュールと、課の業務スケジュールを照らし合わせて、どこかバッティングしそうな時期がないか、事前に把握しておけば、早めに作業に着手するよう、部下に声かけもできるはずです。

不測の事態への対応を考えても、スケジュールの把握は重要です。

例えば、現年度の事業の結果を踏まえて、一度要求した来年度予算の内容を変更しなければならなくなったり、住民や議会からの意見によって、事業の優先度が変わってきたり、といったことはよくあります。

財政課だって鬼ではありませんから、理由があれば話を聞いてくれるでしょう。とはいえ、変更が利く期限というものはあります。あらかじめ知っておかないと、「今さら言われても…」ということになりかねません。もしも、一度要求した予算を変更する可能性があるなら、いつまで待ってもらえるのか、事前に確認しておきましょう。

ちょっと寄り道

財政課の立場で考えてみれば、締切を守ってくれる課と、そうでない課、どちらがより信頼できるかは言うまでもありません。仕方ないときもあるでしょうが、なるべく提出期限は守るようにしましょう。

④「予算編成方針」は ここを読め

どこの自治体にも予算編成方針があります。ここには予算要求に必要な情報が満載。管理職なら知っておきたい情報の宝庫とも言えます。

予算編成方針は、誰が為に立てられる

皆さんの自治体でも、「予算編成方針」とか、「予算編成の基本的な考え方」みたいな大仰な文書が作られていると思います。

この予算編成方針は、職員向けとも限りません。ホームページで公開したり、議会に提供したりしている自治体も多いです。大きな自治体では、方針を示したこと自体が新聞記事になることもあります。

内容としては、国の動向や経済情勢のような外部環境の話から始まり、自分の自治体の財政状況などの内部環境を踏まえ、来年度の重点的な項目などの方針を立て、予算編成のざっくりとしたやり方を示す、という流れが一般的でしょうか。

この文書、「筋論としてこういう手順を踏むのが大事なのはわかるけど、読む必要あるの？」と思ったことはありませんか。

予算を要求する側にしてみれば、実務的な話は別途説明があるでしょうし、予算編成方針に何が書いてあろうが要るものは要るし、別にコレを読まなくても予算要求自体はできます。

ましてや、管理職の皆さんなら、国や、わがまちの内／外の状況の話題は今さら言われるまでもなくわかっているはずです（自信がないなら、どちらにせよしっかり読んでおいたほうがいいですが…）。

そう思っていた時期が私にもありました。しかし、今になってみると、**管理職こそ予算編成方針をちゃんと読むべき**、と感じています。

知るべきは、まちの方向性と自分の課の立ち位置

なぜなら、予算編成方針には、自分たちの自治体、そして自分たちの課が、来年度に向かうべき方向性が示されているからです。

自分たちの課が所管する事業が、編成方針の重点項目のどこに位置づけられて、どんな文脈で登場しているのかによって、この先、「その事業についてどんな説明をするのか」が変わってきます。予算要求に始まり、ヒアリング、査定、予算の公表、議会での予算審議、実際の執行、決算での報告まで、**その事業の性格は、かなり長い期間、予算編成方針で語られたストーリーに左右されていく**ことになるのです。

施設の維持管理や窓口業務など、政策的な事業を所管していない部署にとっても、予算編成方針に目を通しておいて損はありません。予算をどう見直していくか、改革改善の方向性などが示されているため、「自治体全体として、経常経費をどう扱っていこうと考えているのか」を知るヒントになるからです。

そういう意味では、予算編成方針は、「自分たちの組織がどういう方向を目指して、何に重点を置いて、どう進んでいくつもりなのか」を表しています。さらに、「そのなかで、自分たちの課の事業はどういう位置づけにあるのか、自分たちの課は組織全体でどんな機能を果たしていくべきなのか」をも示す、貴重な「道しるべ」なのです。

となれば、管理職なら予算編成方針は全体に目を通し、そのなかでも**「重点項目」のパートは特に しっかり読んで、組織の目指す方向性と、自分の課の位置づけをよく理解しておくべき**でしょう。

ちなみに、予算編成方針は、総合計画ともリンクしていることが多いので、その両方を並べてみると、さらに自治体の全体方針への理解を深められるはず。ぜひ、時間を見つけてやってみてください。

ここに注目！

予算編成方針は、自治体全体の大きな道しるべとなるものですが、それだけで全てを決めるには大きすぎるのも確かです。次項では、自分たちの課のための小さな道しるべの考え方を見ていきましょう。

⑤ 自分たちなりの方針を立てて臨むべし

予算編成方針で全体の方向性をつかんだら、次に「自分の課はどう動くか」を考えます。課の方向性をメンバーと共有しておきましょう。

全てが思いどおりになるわけではないから

このご時世、財政課が「一般財源が余って仕方がない。どこか使ってくれないかな」などと言うことは、おそらくないでしょう。そのため、「誰かの何かの予算が通らないor削られる」という事態が、必ずどこかの課で生じます。そして、それがあなたの課でない保証はありません。

となれば、**自分の課の予算が通らなかったり、削られたりすることも想定して、準備をしておく必要があります。**通らなさそうなところ、削られそうなところは、経験上なんとなく想像がつくでしょうが、管理職ならさらにその先を想定しておいたほうがいいと思います。

例えば、その予算が通らなかったら何が起こって、誰が困るのか。削られたら、どう対応すればカバーできるのか。「アレをとるか、コレをとるか」の選択を迫られたらどうするか。

「アレもコレも」というわけにはいきません。課を代表して最終決断をするのは課長ですから、冷静な判断をするためにも、事前にいろいろな事態を想定して、自分たちなりの優先順位をつけておかなければならないのです。

優先順位のつけ方

優先順位はどう決めていけばいいでしょうか。まずは**「絶対いるもの」**

と、**「譲歩可能なもの」を分ける**ことをオススメします。

前者の**「絶対いるもの」は、もしなくなったら致命的なことになる予算です。**例えば法定の経費や、事業の遂行上不可欠な経費、過去の経緯から削ると確実にトラブルを招くもの、などが挙げられます。この手の「絶対いる」は、皆さんにとっては当たり前でも、財政課が一目瞭然とは限りません。理由をきちんと整理して、しっかり伝えていきましょう。

それ以外の**「譲歩可能なもの」**に分類した予算については、実際の優先順位は少しずつグラデーションがあるはずです。例えば「できる限り残したい予算」「欲を言えば欲しい予算」みたいに、２～３段階に色分けしてみると、頭のなかでの整理がつきやすいと思います。

「いる・いらない」の判断以外にも、例えば光熱水費や通信運搬費、不特定多数への補助金などでは、「どれくらい残すか」という加減ができます。この手の経費では、「最低限これだけないと事業が成立しない」「これくらいあれば、十分な効果が出る」といった**「しきい値」的な数字を押さえておく**と、「譲歩できるライン」の心づもりができます。

「そんなの決められないよ」と思った方もいるでしょう。大丈夫、何も課長が一人で決めなくちゃいけないわけではありません。これはむしろ、**課のメンバーの意見をよく聞きながら準備すべき話です。**

立っている場所が違えば見えてくる景色も違うので、部下の皆さんには自分とは違うものが見えているはずです。自分には見えていないところに、何か落とし穴があるかもしれません。

さらには、先ほどの「アレか、コレか」の苦渋の選択を迫られたとき。やむを得ず削った予算の担当者に納得してもらえないと、モチベーションの低下にもつながりかねません。

予算編成は部署全体のチーム作業ですから、しっかりコミュニケーションを取って、みんなが結果を受け入れられるように心がけましょう。

ちょっと寄り道

財政課側でヒアリングをしていると、しっかり考えてきてくれた人たちとは、とても中身の濃い議論ができます。逆に、ノープランで来た人たちというのも、すぐわかります。気を付けましょう。

⑥ 予算編成のストレスを軽減する心構え——一件査定の場合

枠配分を導入している自治体でも、一件査定の要素が多少は出てきます。予算編成の方法別の心構えとして、そのポイントを押さえましょう。

一件査定の流れと、事業課の作業

一件査定方式の予算編成は、62ページでも書いたとおり、先に事業課が必要な予算を積算して要求し、その後、財政課が査定をします。

もう少し詳しく言うと、①各課の予算要求、②ヒアリング、③財政課の担当者が確認、査定（つまり削る作業）、④担当者の査定結果をもとに、財政課長→財政部局長→首長が査定、といった順に進んでいきます。

この流れでは、事業課サイドとしては、①で要求して、②のヒアリングで予算の必要性を訴えるところまでいったら、いったんは作業終了。その先は財政課サイドにお任せすることになります。

とはいえ実際には、財政課から五月雨式に、いろいろな資料や説明を追加で用意するよう求められることが多いです。事業課としてはストレスですよね。どうして追加の依頼がこんなに多いのでしょうか。

査定の進め方は自治体によってそれぞれですが、基本的には、まず財政課の担当者が自分なりの査定をして、それを財政課長と協議して修正します。さらにそれを担当者＋課長が財政部局長と協議して再度修正し、最終的に担当者＋課長＋部局長が首長に報告し…といった図式で進んでいきます。このなかで、立場や視野の違いから、**担当者が納得するための材料と、部局長の欲しい材料が違ったり、考え方や判断基準が少しずつ違ったりします。**査定作業の途中で、いろいろ追加で聞かれたり、根拠を求められたり、結果が変わったりするのは、そういう理由です。

負担に感じることもあるでしょうが、納得さえしてくれれば、財政課の担当者は課長に、課長は部局長に、あなたの予算の必要性を説明してくれるわけです。見方を変えれば、**少しずつ自分の味方を増やしていく過程**と言えなくもありません。ここは前向きに捉えて頑張りましょう。

疑心暗鬼は損。正直者はバカを見ない

一件査定でやりがちなのが、「削られることを想定して、盛って（多めに）要求すること」です。皆さんも一度は頭をよぎったことがあるのではないでしょうか。でもこれは、**絶対に**オススメしません。

なぜなら、どこかの段階で見破られるからです。財政課の担当者が積算根拠を確認して気づくか、財政の部長や課長がその経験からピンとくるか、はたまた一度は予算がついたものの、フタをあけて事業を実施した後の執行段階で発覚するか。「いやいやウチの財政課は気づいてないよ」と思っているアナタ。ただ指摘されていないだけで、きっと気づかれています。

一度これに手を染めると、財政課はその先しばらく、「その課の予算は盛られているかもしれない」という疑いの目を持って、根ほり葉ほり調べて厳しく査定するようになります。もしも、課ではなく、あなた自身に「予算を盛って要求する人」という印象を持たれてしまうと、いずれ異動した先でも同じ扱いを受ける可能性すらあります。

これでは、お互いに不幸になるだけです。予算編成は毎年あるわけで、その年の予算さえつけばいいわけではないでしょう。予算に限らず、一度信頼を失ってしまったら、取り戻すのには時間がかかります。**何事も、誠実にやるのが一番**。良いことも悪いこともテーブルに載せて、腹を割って議論するのをオススメします。

ここに注目！

一件査定は、枠配分と比べ、事業課が不満を抱えがちではあります。でも、財政課とちゃんと対話できれば、納得できる落としどころを見つけやすい手法でもあるはず。お互いに腹を割って話す心構えが大事です。

⑦ 予算編成のストレスを軽減する心構え――枠配分の場合

枠配分では、財政課ではなく、同じ枠を共有する他の課との協議が発生します。特有のポイントをつかめばストレスなく円滑に進められます。

枠配分の流れと、事業課の作業

枠配分方式の予算編成は、62ページでも書いたとおり、先に財政課が各部局や課に割り振る枠を算定して、その後、事業課がその枠のなかで使い道を決めていきます。

もう少し詳しく言うと、①枠配分の対象になる経費とならない経費を判別、②並行して財政部局が歳入を試算、③試算した歳入のうち枠に充てる分を各部局に配分、④各課で予算を積算、⑤持ち寄った予算を部局内で調整して枠に収める、という流れです。

このあたりの流れは、自治体によって違うところが多々あります。

①の手順は、もし全ての経費が枠配分だったら不要ですし、③の配分も、部や局を単位にするか、課単位で配分するかは自治体によります。

細かなルールは、自治体の規模感や考え方によって千差万別なので、まずは自分のところのルールをよく確認しておくのが大前提です。

そのうえで、一度「**ルールの範囲でどう立ち回るのが有利か？**」を考えてみることをオススメします。

どういうことかと言うと、例えば手順の①で、枠配分の対象にならないものは、一件査定の対象になるわけです。枠配分と一件査定の対象が何であるかは自治体のルールで決められていると思いますが、モノによってはどちらとも取れるケースもあります。そんなときは、「どちらに区分するのが有利か」を考慮したうえで、そのルールに当てはめる理論武装をするのも戦術の一つです。

もちろん、ルールを曲げたり悪用したりするのは論外ですが、その範囲で立ち回りを考えるのは、予算に限らず何事につけて基本ですし、ルールの深い理解にもつながります。一度お試しあれ。

お互い様精神が大事

部局単位で枠が配分されている場合は、手順⑤で部局内での調整が発生します。調整の方法は自治体によって様々ですが、本質的には「ウチの課の事業と、隣の課の事業、どちらにいくら使うべきか」という、究極の選択を迫られることになります。

こんなときは、**自分の所掌範囲を超えた広い視野を持って、それぞれの事業の必要性や重要性を考えてみる姿勢が必要です。**そもそも関連があるから同じ部局に編成されているわけで、組織として全くの無関係ではないはず。ふだん接しない他課の業務だからこそ、意識して知ろうと思うことが大事です。

そのうえで効果を発揮するのが、**交渉力**です。一件査定での財政課との協議は、基本的に「それはそれ、これはこれ」ですが、枠配分なら、交渉次第で「あっちは譲るけどこっちは残してほしい」「今年はあきらめるけど来年は絶対」といったギブアンドテイクが成立する余地もあります。まさに「お互い様」の精神です。

ここで「ウチの課の予算はアレもコレも全部要る！」と言い出してしまうと、隣の課からヒンシュクを買ってしまうかもしれません。こんなときこそ、68ページで書いた「自分たちなりの優先順位」が、とても重要になってくるわけです。

ここに注目！

枠配分は、枠に収まっていれば査定されないのが前提ですから、枠の範囲で自由に使い道を決められます。工夫次第で、やりたいことを実現しやすい仕組みなので、うまく使っていきましょう。

⑧ 説得力のある予算要求のキモ

一件査定でも枠配分でも、予算編成の過程で一番必要なのは「説得力」。課の代表として、胸を張って語るためのキモをお伝えします。

説得できること、それが一番大事

予算編成では、一件査定なら財政課、枠配分なら同じ枠の中の他課や上司である部局長、どっちに転んでも説得しなくてはいけない相手が必ずいます。となれば、**「その相手をどう説得できるか」が、予算確保のキーポイント**になってきます。

立場が違うと見ているものが変わってくるので、当然、説得材料も変わってきます。財政課に対する説得材料と、同じ部局内の他課への説得材料も違います。相手が一般職か、課長級か、部局長級かによっても変わってくるでしょう。

例えば、財政課の担当者には、予算積算の詳細な根拠を示す必要がありますが、部局長に対しては、そんな細かい話より、「なぜ今、わがまちにその事業が必要なのか」といった大局的な視点や、「もし通らなかったら何が起こるのか」といったリスク管理的な視点が求められます。

「自分はこれから誰に何を説明しようとしているのか」をしっかり意識して説得材料を用意していかないと、「今はそんな話を聞いてるんじゃない！」と言われてしまいます。

説得力は、「数字×論理×心情」

そのうえで、説得力を高めるにはどうしたらいいでしょうか。

説得力ある理論武装には、多面的な複数の根拠をもとにしたアプローチがとても有効です。ここで私が特にオススメするのは、**「数字×論理×心情」**の掛け合わせです。

まずは**数字**。予算は最終的には数字ですから、その根拠も数字で表せると、とても客観的な判断材料となります。特に財政課は、日常的に数字を扱っているので、数字を信頼しがちです（個人の性格にもよりますが…）。もちろん、データの出所、信ぴょう性や公平性は確認されるでしょうが、住民ニーズや費用対効果などを示す定量的なデータをしっかり出せれば、かなり説得力が高まります。

次に、**論理**。定性的であっても、論理的、客観的に事業の必要性が説明できれば、かなりの説得力が生まれます。社会変化、近隣の動向、住民ニーズといった様々な要素を組み合わせて、一本筋の通った説明ができると、非常にカッコいいですよね。

最後は、意外かもしれませんが、**心情**です。財政課も、鬼の上司も、同じ人間です。心に響くストーリーがあったり、担当課の熱意が強かったりすると、反対しづらいものです。「よくわからんが、とにかくすごい自信だ」と思わせるだけでも、少なくとも印象には残ります。

この3つの要素は、どれか一つあればいいというわけではありません。データだけでも、理屈だけでも、想いだけでも、ダメなのです。論理には数字の裏付けが必要ですし、熱意だけあっても数字が伴わなければ「気持ちはわかるけど…」で終わってしまいます。数字や論理だけ整っていても、熱意がなければ「それ、本当にやりたいと思ってるの？」と言われてしまいます。**できる限り、カードを3つ揃えるのが大事**です。

ここで説得力をつけた理論武装は、予算がついた後の議会審議などでも有効です。要求段階で作り込んでおくと、後が楽になります。

ここに注目！

「話すのは苦手」という方でも、「数字」「論理」「心情」の3要素を揃えればきっと大丈夫です。冷静なアタマと熱いハートで語れば、有無を言わせぬ説得力が生み出せます。

続・財源を制すものは予算を制す

特定財源を確保できれば事業に必要な一般財源が減り、一般財源が減れば予算が付きやすくなります。事業課で工夫できる具体例を紹介します。

視野を広げて助成事業を探そう

特定財源のうち、国や都道府県からの支出金は、自治体の事業に対して、国等が一定のルールに基づく負担をしてくれたり、政策的な見地から補助をしてくれたりするものです。こういった公共的・公益的な見地から、補助や助成をしてくれる組織は、何も国や都道府県だけではありません。

例えば、宝くじや公営競技などの収益金を財源としたものや、社会貢献として企業や個人の財産を拠出して作られた財団の事業など、世の中には、様々な助成事業があります。

各団体がそれぞれの目的に応じたメニューを考えており、当然のことながら、何かしらの公共的・公益的な価値のある事業がその助成対象になっています。皆さんのやりたい事業が、公益に資する、誰もが大事だと考えるようなものなら、そこに価値を見出している団体が助成事業を設けていたりするかもしれません。

この手の助成事業を活用するには、まずは**情報収集がとても大事**です。国や都道府県の補助事業ならだいたい情報が提供されますが、こういった助成事業は自分で調べなければ見つからないことも多いです。インターネット、業界の情報誌など、いろいろな情報媒体を活用し、課の事業に関する助成事業を調べてみましょう。

それ以外にも、例えば新規事業の検討にあたって、先進自治体に問い合わせたり視察したりする際に、「どんな財源を使ったか」も併せて聞いておくと、思わぬ耳寄り情報が手に入ったりもします。ともかく、常にアンテナを高く張っておくことが重要です。

また、これは国や都道府県の補助でも同じですが、**自分の事業を多角的に見る目を持つこともポイント**です。例えば、「高齢者福祉の事業だから高齢化対策の助成を探す」だけではなく、「高齢者の健康維持に関連したスポーツ関係の助成を探す」とか、「子育て支援策だから福祉部門の情報を探す」だけではなく、「デジタル技術を使った子育て支援にＤＸ関係の助成を探す」といった切り口もあります。

自分の仕事を違った視点から見てみると、新たな価値が発見できるかもしれません。こういう要素は、例えば議会等で自分たちの事業の効果を説明する際に、副次的な効果として引き合いに出せたりもします。視野を広く持って、様々な角度からアプローチしてみるとよいのではないでしょうか。

有利な地方債を使おう

地方債については第３章でも少し触れましたが、施設やインフラの整備では、**有利な地方債をうまく活用するのがとても大事**です。

51ページでざっくり説明したとおり、地方債はメニューによって充当率と交付税措置率が変わってきます。少々おさらいしますと、充当率が高ければ最初の頭金が少なくて済み、交付税措置率が高ければ最終的な自治体負担が少なくなります。

この２つのうち、**特に重視されるのは交付税措置率**です。交付税措置がない地方債は、結局は「いつ払うか」が違うだけで、最終的には全額を自治体が負担することになります。ましてや地方債には、利子の発生というデメリットもありますから、自治体によっては、「交付税措置がない地方債は使わない」というルールを敷いているところもあります。

今までの低金利時代であれば、地方債により発生する利子はある程度少額で、財政運営上、それほど大きなデメリットにはなっていませんでした。金利が上昇し、日本が「金利のある世界」に突入した今、金利のデメリットはだんだん重くなってきます。交付税措置がない地方債を避ける傾向は、さらに顕著になってくるでしょう。

とはいえ、単年度の予算編成を考えると、充当率の高い地方債を使えれば、その分、その年度での財源の持ち出しが減ります。その点では、交付税措置がなくても地方債を活用する、という選択は検討の余地アリですし、そうなれば充当率も高いに越したことはありません。

こういった**有利な地方債は、使える期間や条件が限られている**ものが多いです。考えてみれば当然のことで、何かしら国が進めたい政策の方向性に沿っているからこその特別扱いですから、国としては意図した効果が出るように条件をつけているわけです。

モノによっては、先に自治体がなんらかの計画を策定して、国の認定を得てからでないと使えない地方債メニューもあります。事業課としてはちょっと面倒でしょうが、ハード整備は多額の財源が必要になるので、それだけの価値は十分にあるはずです。

こういう有利な地方債をうまく使っていくには、メニューごとの条件に沿って、事業スケジュール、事業内容、政策的な位置づけなどを、あらかじめ整理しておくことがポイントになります。

ハードを所管する部署の方は、財政課に「何かオススメの地方債ない？」と聞いてみると、何かアイディアが出てくるかもしれません。

民間にコストを負担してもらおう

民間企業が自治体にお金を出してくれる、というパターンもいろいろあります。その最たるものは、**広告**でしょうか。これには、歳入が増えるケースと、歳出が減るケースの両方があります。

前者は、企業広告を掲載することで、広告料としてお金をもらうケース。その分だけ事業に充てる特定財源が増えるので、一般財源の持ち出しが減ります。

後者は、お金ではなく、広告を掲載した「モノ」や、広告を表示できる「モノ」を用意してもらうケースです。例えば、時々広告を流す代わりに窓口の呼び出し番号表示用のモニターをもらえたり、広告が貼ってあるAEDを設置してもらえたり。こちらのケースでは、そのモノを用意するための歳出が必要なくなるわけです。

多くの人が訪れる施設や、多くの人が見たり聴いたりするものなら、その空きスペース自体が広告媒体になります。玄関マット、壁のポスターなど、スペースを活用した様々な工夫ができるはずです。

広告の主体はネットにシフトしつつある一方、施設の名前自体を広告として使うネーミングライツなど、様々な手法も生まれています。

一度、自分たちの事業を**「広告に使えるものが何かあるはず」という目線で見てみると、新たな発見があるかもしれません**。他の自治体の施設を視察に行ったときなどには、視察の目的を忘れない程度に、「どんな場所に広告を出しているのか」も確認してみましょう。

他にも、民間にコストを負担してもらう手法はいろいろあります。

最近、特に目にする機会が多いのは、企業と自治体が連携協定を結んで、企業が提供する商品やサービスを無償で（あるいは割安で）提供してもらうやり方でしょうか。自治体にとってはコスト節減になり、企業にとっては実績になる、まさにWin-Winです。

他にも、クラウドファンディング、企業版ふるさと納税といった手法もあります。自分の課だけでは進めづらい手法も多いですが、事業課が前向きに取り組めば、関係する他課も一緒に考えてくれるはずです。

この手の財源確保のポイントは、**相手方の民間企業に「お金を出す価値がある」と感じてもらう**ことです。まずは相手を探して、しっかり条件を協議し、「この条件だったら手を組んでもいいな」とお互いに思えるような落としどころを探る必要があります。

アンテナを高くして情報を集め、こちらからも積極的に情報発信して相手方を探し、いい取引ができるよう対等の立場で「商談」する。これからの自治体は、まさに民間企業的な思考回路も求められています。

ここに注目！

歳入（＝特定財源）が確保できれば、その分の一般財源が減るので、財政運営的には同額の歳出を削減したのと同じ効果を生みます。事業課も、しっかり歳入に向き合っていきましょう。

⑩ 管理職は、予算内示後のほうが忙しい!?

期待どおりの予算がついているかは、内示結果を見るまで安心できません。そして管理職の山場である議会の準備は、内示から始まります。

ドキドキの予算内示。結果に納得いかないときは

財政課が予算をまとめ終えると、その結果が庁内に内示されます。時期は自治体によりますが、国が自治体全体の財政計画の見通し的なものを示すのが１月なので、それを確認してから、予算編成の最終段階に入るところが多いのではないかと思います。

内示は、出す側の財政課も、見る側の事業課もドキドキです。特に、一件査定が主体の自治体では、本当に予算がついているかどうかは内示までわからない、ということもあるでしょう。

予算がないと最終的に困るのは自分たちなので、**内示が出たら、しっかり細部まで確認して、来年度の事業遂行に支障がないかチェックしておきましょう。**「絶対必要な予算だったのに、フタを開けたらついていなかった」なんてことも、ありえないとは言い切れません。万が一、そんな事態が起こったら、早急に調整しなければなりません。

自治体によっては、復活要求の仕組みを明示的に設けているところもあります。そうでなくても、予算の総額を変えないようにどこかを減らして調整したり、予算の執行が始まってから補正や流用で対応したりする方法も、ケースバイケースでありえます。いずれにしても、そういった事態になったら、すぐに財政課に相談に行きましょう。

ただし、そのときは冷静に。「なんで切った！」と、怒鳴り込みたくなる気持ちもわかりますが、怒っても内示は変わりません。そもそも、

予算編成の過程でちゃんとコミュニケーションが取れていれば、そんなことにはならなかったはず。これは財政課と事業課の双方が反省すべき話です。まずは深呼吸して、善後策を練りましょう。

内示は予算編成のゴールか、議会準備のスタートか

当たり前の話ですが、予算は内示で終了ではなく、公表し、議会の審議にかけ、可決していただく必要があります。ということは、議会で自分の課の予算をしっかり説明できるように準備しなければなりません。

「議会対応は管理職の仕事」という自治体が多いと思いますので、管理職の仕事はここからが本番、といっても過言ではありません。

とはいえ、ここに至るまでの予算編成の過程で、財政課との折衝や部局内での調整で議論を尽くし、十分に説得力のある材料が出揃っているはずです。何も焦ることはありません。

ただ、職員同士で議論をするのと、住民の代表である議会に公式に説明するのとでは、ちょっとワケが違うというのも確かです。立場が違えば見ているものが違うので、議員の方々にはそれぞれの視点や考え方があります。**予算編成のなかで磨き上げた説得材料を、議会向けに最適化して準備しなくてはいけません。**

また、当初予算の公表に向けて、予算書以外に予算を説明する冊子や資料を作っている自治体が多いと思います。予算の内示から公表までは時間との闘いだったりしますので、そういった資料作成も、締切に遅れないようにしなければいけません。

議決という予算編成のゴールはすぐそこです。完走まで油断せず、一歩ずつ進んでいきましょう。

ちょっと寄り道

内示後は、予算編成作業が一段落した部下たちより、議会対策がある管理職のほうが忙しかったりします。内心はともかく、部下には余裕ある姿を見せたいものですよね。計画的に準備していきましょう。

COLUMN 4

「なんで?」は論理的思考の入口

「論理的に考えるのは苦手」という人もいらっしゃると思います。実を言えば、私自身もそうです。そんな非論理的な私たちでも、気軽に取り組める論理的思考の入口が、「なぜなぜ分析」です。

これは、もともとはトヨタ自動車が、生産現場での課題解決の方法として生み出したもの。今起こっているなんらかの事象に対して、「なぜそれが起こったのか？」を考え、その要因に対してまた「なぜ？」を繰り返していくことで、真の原因にたどり着こうとする手法です。私たちの仕事にも、この手法はとても便利に応用できます。

例えば、予算が足りなくなったので財政課に増額を求めたい場合。まずは、「なぜ足りないのか」からスタートします。「支出が増えたから」ですよね。では、その理由はなんでしょう。「利用者が増えたから」だとすれば、「なぜ利用者が増えたのか」を次に考えます。「高齢者の利用が増えたから」だとすれば、それはなぜでしょうか。

単純に高齢者の数が増えたのかもしれないし、総人数が変わらないなら利用者数やリピート回数が上がったのかもしれません。そうやって「なぜ？」を何度も繰り返していくと、最終的には、例えば人口構成の変化とか、社会状況の変化みたいな、自分たちでコントロールできない要素に行き着くわけです。

この手法を使えば、予算の増加に対して、一本筋が通った仮説ができ上がります。ただ、これはあくまでも仮説。ここでさらに、「利用者数の推移」「利用者の年齢構成」「リピート率」など、途中経過の各所で仮説を立証する数字をつけ足せば、財政課も納得の理論武装ができ上がります。

論理的思考の身につけ方の一つとして、ぜひお試しください。

ただし、注意点が一つ。あまり部下にやりすぎると嫌われるので、ほどほどにしておきましょう。私も気を付けます。

第5章

困った場面を乗り切る！イレギュラー対応術

① 予算が足りなくなった！財政課に相談に行く前に

「課長、予算が足りません…！」と、青い顔をして部下がやってきました。不安を和らげるよう冷静な対処で、頼れる管理職になりましょう。

安心してください、たぶんなんとかなります

当たり前の話ですが、必要な支払いを踏み倒したり、住民サービスを停止したりするわけにはいきませんから、すでに起きてしまった予算の不足自体は、最終的にはなんとかするしかありません。

ただ、そのための方法は、第２章で説明したように何種類かあり、それぞれのケースに向き不向きや特徴があります。「なんとかするために、どの方法を選ぶか」。これはケースバイケースです。

選ぶためには、まずは情報が必要です。何も情報がなければ話が進みません。焦って財政課に駆け込む前に、とりあえずわかっている範囲での情報を整理するよう心がけましょう。

ここで整理しておくべきは、平たく言えば「５Ｗ１Ｈ」。

何が（What）いくら（How much）足りなくて、いつまでに（When）用意しなければならないのか。誰に（Who）支払うお金なのか、どう契約してどう支払う（How）のか。どこの施設やインフラ（Where）の経費か。どうして（Why）足りなくなったのか。

とりあえずわかっていることは全部、検討のテーブルに載せられるようにしておくのが早道です。

もう一つ心がけるべきは、**早めに相談すること**です。矛盾するようですが、情報がないと判断できない一方、情報が全て出揃うまで待っていると時期を逸することもあります。

「不足する金額はまだ積算中だけど、いずれ足りなくなるのは間違いない」でも大丈夫です。お金が足りないことがわかった時点で、把握できる範囲で情報を整理して、ナルハヤで一報を入れに行きましょう。

一番良くないのが、気が滅入るから相談に行くのを後回しにしてしまうパターンです。先延ばしにしてもいいことは一つもありません。早めに対応して、早めにスッキリしましょう。

言い訳はいらないけど、理由はいる

予算の不足自体はよくあることですし、不可抗力で起こってしまったことは仕方ありません。事業課に非がなければ、別に批判されたり怒られたりする謂れもありません。だから、気が滅入ることもなければ、申し訳なさそうにする必要も、言い訳する必要もありません。

でも、**予算不足が生じた理由の整理は、絶対に必要**です。なぜなら、理由によっても対処の方法は変わってくるからです。

制度変更や状況の変化など、議会へきちんと説明すべき内容なら補正予算がふさわしいですし、予算編成時の軽微な見込み違いなら流用で対応してもいいでしょう。想定外の事態に緊急対応するなら予備費もやむなし、かもしれません。

財政課が「なんで足りなくなったの？」と聞くのは、別に責めたいからではなく、あとあと説明がつきやすい手法を選びたいからです。

どんなに情報が不足している段階であっても、「どうして予算が不足することになったか」は必ず説明できるはずです。財政課に相談に行く前に、理由だけはしっかり整理しておきましょう。

プラスワンポイント

財政課と相談するときには、補正予算か流用かなど、「担当課としてはどう対応したいのか」という方向性のたたき台を持っておくと、協議がスムーズです。次項からは、それぞれの特徴を説明します。

② 補正予算は スケジュール感が大事

当初予算の編成は年イチですが、補正予算は毎年それなりの数があります。その分、触れる機会が多いので、勘所をつかんでおきましょう。

補正予算と当初予算の同じところ、違うところ

補正予算も、予算は予算ですから、28ページに書いたとおり、基本的な構造や作り方は当初予算と同じです。違うのは、補正予算は増減や加除が発生する部分だけの予算なので、自治体の予算全体を統一して組むわけではない、というところです。

限られた課だけが登場人物になりますから、編成の方法としては、枠配分はなじまず、どうしたって一件査定に近い方法になります。つまり、**ヒアリングを経て財政課が査定する**ことになるわけです。

そういう意味では、気を付けるべきポイントは、一件査定方式の当初予算編成と似ています。第４章に書いたように、腹を割って良いことも悪いことも議論のテーブルに載せて、「数字×論理×心情」の掛け合わせで説得力のある説明をして、財政課と事業課が力を合わせて「最少の経費で最大の効果を挙げられる予算」を作り上げていくのです。

一方、当初予算にはない要素は、前項で書いた**「なんで足りなくなったのか」も説明しなければならない**、ということです。すでに当初予算で計上済みの事業の増額にしろ、新しい事業の計上にしろ、当初予算で見込めなかった事情や、なぜ今のタイミングでの予算措置になったのかなど、理由はきっちり整理しておきましょう。

また、これは仕方ないことですが、補正予算は補正する経費だけが載るので、結構目立ちます。当初予算と補正予算では情報量が大きく違い

ますから、確率論的に質疑を受ける可能性は大きくなります。あえて言うならば、「当てられる覚悟」をより強く持っておく必要があります。

支出に間に合うかどうか、それが問題だ

もう一つ、補正予算が当初予算と大きく違うのは、**事業スケジュールと補正予算の議決までのスケジュールとの兼ね合い**を意識しなければならないことです。

当初予算のお金は４月１日から使えますが、補正予算のお金は、議決されなければ使えません。ここで言う「使えない」は、支払えないだけではなく、支出負担行為の準備手続きもできないことを指しますから、議会で補正予算の議決がもらえるまでは、工事の起工伺の起案や、見積もり合わせの通知もできない、ということになります。

ということは、予算不足が生じている、または新しく始めようとしている事業のスケジュールと、議会のスケジュールをにらめっこして、間に合うように措置しなければなりません。もう少し具体的に言うと、次の議会はいつから始まって、通常ならいつ頃採決するのか。また一方では、予算不足の解消や新事業の開始のデッドラインはいつなのか。そういったスケジュールを整理して、対応を検討する必要があります。

そのうえで、**議会スケジュールと事業スケジュールがかみ合わない場合は、なんとか整合を取らなければなりません**。

待てるなら事業スケジュールを遅らせることになるでしょうし、そういうわけにはいかない予算不足の場合は、「議会が通るまでは既定予算の流用でしのいで、無事に議会が終わった後は補正予算で増額した分で賄う」といった複合技を使うときもあります。これらは、事業の執行を議会スケジュールに合わせて整合を取るパターンと言えます。

逆に、執行上の都合に、議会スケジュールを合わせてもらうときもあります。例えば、定例議会を待たずに臨時議会を招集し、早期に議決をいただくパターンです。このあたりは、議会と執行部との関係性や、通例などによるところも大きいので一概には言えませんが、スケジュールの兼ね合いで定例議会まで待てず、議会にしっかり説明して審議してい

ただく必要がある重要な案件は、こういった手続きを検討することになるでしょう。

専決処分は理論武装が必須

これも29ページで書きましたが、議会での議決を経ずに首長の権限で補正予算を執行する「専決処分」という方法もあります。

「議会にかけなくていいなら話が早い！」と思うかもしれませんが、結局は事後的とはいえ議会に報告することにはなります。そのときには「どうして専決処分にしたのか」ということも追加で理論武装しなければならないわけですから、**補正予算を提出して議決するより楽ということには決してなりません。**「特に緊急を要し時間的余裕がないから専決処分」とは言うものの、「臨時議会が招集できたじゃないか」と言われると、なかなか返答が難しいのではないでしょうか。

予算に限らず、専決処分は首長の権限ではありますが、濫用は議会軽視とも捉えられかねません。

もちろん、議会の招集から議決までの流れを待たずして執行できるというスケジュール上のメリットはあるものの、火種になりやすいものだという認識を持って、専決処分のカードを切るかどうかを検討したほうがいいでしょう。このへんになってくると、もはや事業課と財政課だけで決められるようなことではありません。上層部にしっかりと情報を上げて、的確に判断してもらえるようにしましょう。

四季折々、補正予算の季節感

多くの自治体では、定例の議会が年に４回あるはずです。概ね６月、９月、12月、３月あたりでしょう。それぞれ、補正予算が必要に応じて編成されることになります。そして、こう書くと意外かもしれませんが、実は補正予算には「季節感」があります。

例えば、９月の議会では、前年度の決算の認定を議案として提出するので、同時に提出する現年度の補正予算では、前年度からの繰越金を歳入に計上したりします。そういう財源があるのも手伝って、９月補正は、新規事業を計上するのにちょうどいい時期です。まだ年度の残りが半年あり、新たな取組みも十分な成果を期待できるでしょう。

次の12月補正は、すでに年度の半分以上が過ぎて、予算執行の先行きが概ね見えてくる時期ですから、年度末を見据えて不足額を増額するには、ちょうどいい時期と言えます。

３月では、執行額が固まった事業の財源調整をしたり、大きく不用額が出た予算を減額したりします。また、国の補正予算はだいたい年末くらいに編成されることが多いので、そこに盛り込まれた国の財源を使う事業を予算計上したりするのも３月です。

このように、補正予算には四季折々の姿があるわけですが、この手の「季節感」に関連した留意点も、少なからずあります。

まず、６月の補正予算は、まだ年度が始まったばかりの４月～５月にその編成作業をすることになります。そのため、「どうして当初予算に計上できなかったの？」という話になりがちです。当初予算編成の段階では制度の詳細が示されていなかったとか、予算編成後に事情が変わったとか、何かしら合理的な理由を整理しておく必要があります。

逆に、12月や３月の補正予算で新規事業を計上する場合は、「年度末までに終わるのか？」という観点での検討も必要になります。年度をまたぐようなら、繰越明許費や債務負担行為の設定も一緒にしておかなければなりません。

あまり「季節感」のない予算要求をすると、「なんで今？」という違和感を持たれてしまいがちです。もちろん仕方ないときもありますが、補正予算の時期はできるだけ外さないように心がけましょう。

ちょっと寄り道

自分の課の事業が補正予算に載っているかどうかで、定例議会でのプレッシャーが違う、と感じる管理職の人もいるのではないでしょうか。ポイントを外さず、入念に準備して議会に臨みましょう。

③ スマートな「予算流用」のお作法

円滑な予算執行に欠かせないのが予算流用。監査や議会で説明する管理職にも必須の知識です。説明責任を果たせるお作法を紹介します。

項の中なら何をやってもいいわけではない

予算流用は、29ページで書いたとおり、議決をもらった款項の範囲で使い道を微修正する手段です。法令上、そこから先は首長の裁量なので、これという縛りはありませんが、どの自治体も、規則などである程度のルールを決めています。

裁量とはいえ、議決の範囲、ルールの範囲なら何をやってもいい、というわけではありません。最終的には決算のとき、監査や議会で確認される以上、「ルール的にはダメじゃないけど、これはさすがに…」と思われるような使い方はできるだけ避けるべきです。説明責任を果たしやすい、「上品なお作法」をいくつかお伝えしましょう。

お作法その①　できるだけ近くから流用すべし

同じ款項の中なら流用できるとはいえ、どこでもよいというわけではありません。カンコーモクセツが近い、性質別分類が同じ、財源が同じ、事業目的や目指すものが近いなど、できるだけ共通点があるところから持ってくるほうが、筋が良くなります。

お作法その②　最小限、不足する分だけを流用すべし

お金が足りないからといって他から予算を動かしたのに、最終的に余らせてしまうのは、あまり見栄えがよろしくありません。多少手続きが面倒でも、不足した額だけをこまめに流用して、大きな残額が出ないように心がけましょう。

お作法その③　あまり大きな額は避け、濫用は慎むべし

流用に金額的な上限はありませんが、数千万円、数億円の単位で流用するのは、ちょっとどうかと思います。「それだけ大きな予算不足や、他に回せる不用額があるなら、本来なら補正予算を出すべきだったのではないか？」と言われてしまいかねません。

胸を張って説明できる理論武装を

いろいろなお作法があることはわかっていても、背に腹は代えられないときもあります。そういうケースでは、より一層「どうしてこの流用が必要だったか」をきちんと説明できるようにしておく必要があります。

このあたりの理論武装は、不足が生じている側だけではなく、**予算を持ってくる流用元も、「どうして余っているのか」を説明できなければいけません。**入札で契約差金が生じたとか、緊急に流用が必要になったから優先順位をつけて一部の予算の執行を停止したとか、何かしら納得感がある説明を用意しておきましょう。

契約差金についても、扱いは自治体によって様々です。予算編成を一件査定でやっている自治体では、差金は凍結するのが原則かもしれません。逆に枠配分で編成した自治体では、配分された枠のなかでの流用は当然許される、という考え方もあるでしょう。

ただし、**「工事契約で差金が出たからなんか買っておこう」みたいな考え方は、財政規律的にアウト**です。配分された予算枠だろうがなんだろうが、その原資は住民の税金です。不用額は次年度の繰越金にできるのですから、予算流用で執行するのは、どうしても年度内に必要なもの、最小限に抑えるように心がけましょう。

ちょっと寄り道

流用のお作法は、自治体によって異なる流派が結構あるようです。「ウチとは全然違うな」と思った方もいるかもしれません。財政課や管理職の先輩にも、流用のコツを聞いてみてください。

財政課の伝家の宝刀「予備費」を抜かせるには

予算不足でピンチのとき、「予備費で何とかしてほしい」と考えることもあるでしょう。予備費対応を快く受けてもらうにはコツがあります。

基本は「お手を触れないでください」

予備費は、流用と違って他の事業の予算を減らすことなく、補正予算と違って事前議決をいただく手間と時間もかからず、すぐに予算不足を解消できる方法です。事業課側としては、これ以上便利な方法はありませんよね。

ただ、予備費を持っている財政課側としては、これは最後の手段、伝家の宝刀です。30ページでも書きましたが、予備費は緊急避難的に使う例外中の例外です。災害時などの緊急対応、施設の緊急修繕など「待ったなし」の支出に充てられる一方、もちろん無制限に使えるわけではなく、予算で定めた予備費の金額は使えば使うほど減っていきます。

となれば、「年度末まで何が起こるかわからない以上、できるだけ使いたくない」というのが財政課の本音です。これは、事業課の皆さんが予算編成のときに「十分な予算を持っておきたい」と思ったり、流用を考えるときに「この先使うかもしれないから流用したくない」と思ったりするのとまったく同じ心理です。

自分の課の予算流用ではなく財政課の予備費で対応したい、というのは、「自分の課の予算を減らしたくないから、そっちの予算を代わりに使わせてくれ」と言っているのと同じです。なので、最初から予備費をアテにして財政課に相談に行ってしまうと、普段は仏のような対応をしてくれる財政課員でも、きっといい顔はしません。

そもそも予備費の残額がなかったり、予備費で対応できない規模だったりしたら、何かしら他の手段を考えるしかないはず。**検討段階で予備費一択というスタンスで行くのは、協議を空転させるもと**です。悪手としか言いようがありません。

「北風と太陽」で説得しよう

では、それを踏まえて、財政課にすんなり予備費を認めてもらうには、どうしたらいいでしょう。

まずは、伝家の宝刀を抜いてもらうには、「どうしてもこれじゃなきゃ対応できない」という理由が必要です。補正予算、その専決処分、予算流用、そもそも支出を避ける手段、ありとあらゆる可能性を検討したうえで最終的に浮上するのが、予備費です。

例えば、「補正予算では間に合わない」「流用は、この際スマートさは二の次で他課を含めて探したが、持ってこれるアテはない」「専決処分の説明がつく内容でもない」といった具合に、**一つひとつ丁寧に他の選択肢をつぶしていく必要がある**でしょう。

さらには、「補正予算での計上もできなくはないが、安全上、施設を一部休館する期間が長くなる」「流用のアテがあるにはあるが、回り回って他の重要施策の進捗に影響する」など、**予備費以外の選択をした際のデメリットも整理**しておきましょう。

そういった情報をひととおり検討のテーブルに載せて、「う～ん、確かに予備費以外の方法はないな…」「ウチとしても、これは予備費が一番手っ取り早いな…」と、財政課に自ら判断してもらうように促すのが、結局は早道です。

ちょっと寄り道

もし、款項が同じ他課が「ウチの予算が足りないのでそっちから流用させてくれ」と言ってきたらどうしますか。「予備費で対応してほしい」と財政課に頼むのは、それと同じ図式。伝え方には注意が必要です。

⑤ 続・大事なのは日々の執行管理

管理職の皆さんにとっては、リスク管理も仕事の一つです。予算不足の回避も大事なリスク管理。目配りのコツと心構えをお伝えします。

「執行管理＝危機管理」の認識を持とう

ここまで「予算が不足したらどうするか」を書いてきましたが、本当なら、足りなくならないように調整するとか、足りなくなってしまう前に対応するとか、もう少し手前からできることがあるはずです。

予算不足を早めに察知できれば、こういった対応の幅も広がり、オオゴトになってしまう前にその芽を摘むこともできます。そのためには、やはり**日々の執行管理をしっかりしておくのが一番。**管理を怠らないことで、余計な仕事を減らすこともでき、決算審査で質疑を受けるタネも少なくできるはずです。

具体的にはどんなことに気を付ければいいでしょうか。業務によっても違いますが、例えばこんな観点があります。

- ☑予算の執行は想定どおりに進んでいるか？　今のペースで進んだら年度末まで足りるか？
- ☑事業そのものの進捗はスケジュールどおりか？　もし遅れたら追加の経費は発生しないか？
- ☑不測の事態は起こっていないか？　その兆候はないか？
- ☑施設やインフラに破損や不具合はないか？　利用者から意見があったり、点検での指摘があったりしないか？
- ☑工事や委託などの契約は遺漏なくできているか？　残金は出たか？

もちろんこれらに限るわけではなく、自分の課の業務に合わせて、こういったチェック項目を作ってみてはどうでしょうか。さらに、それを毎月末に確認するようにするなど、**仕組み化**しておくとなおよいですね。

この手のチェックは、つい「しっかり確認しておいてよ」と部下に任せてしまいますが、ともすれば担当者は自分の仕事を進めるのに精いっぱいになって、チェックは二の次になりがちです。**そばで見ている管理職が気づいて声をかけてあげられるよう努めましょう。**それこそが、管理職の本来の仕事でもあるはずです。

執行管理は信頼のバロメーター

こういった日常的な執行管理がしっかりできていても、不足が生じることはあります。それ自体は仕方ありません。

しっかりと執行管理をしていたうえで起こった不可抗力だと伝われば、財政課と対応を協議するときにも、流用や予備費を認めてもらいやすく、議会での説明もつきやすくなります。

それは、日々管理するのに使っていたデータが、ヒアリングなどでの基礎資料になるのはもちろん、不足が生じた理由をきちんと論理的に説明できたり、早めの対応につながったりもするからです。

さらには、きちんとチェック項目を設定して日々確認するあなたの姿勢は、ゆくゆくは周りからの信頼にもつながっていきます。**「この人が言うんだったら、本当に仕方ない予算不足なんだろうな」と思ってもらえるような執行管理ができると、ベスト**なのではないでしょうか。

ぜひ、そんな信頼感あふれる管理職を目指したいものですよね。

プラスワンポイント

普段から、ふと気づいたことが、何か自分の課の予算に影響してくるかも？　と、アンテナ感度を高くしておきましょう。そうすれば、不測の事態の発生を早めに発見して対応しやすくなるはずです。

⑥ 新規事業が降ってきた！ ゼロからの事業予算の作り方

自治体で新規事業をゼロから組み上げる機会は多くありません。とはいえ、やったことがない人も上から降ってきたらやるしかありません。

新規事業が降ってくるパターン、いろいろ

新規事業と一口に言っても、その由来はいろいろあります。

自分たちが温めてきた事業なら準備もしっかりできますよね。しかし、首長や上層部の強いリーダーシップ（あるいは思いつき）のもと号令が出された事業、国が打ち出した新制度への対応では、まさに「降ってきた」という言葉がピッタリです。特にコロナ禍以降は、有り体に言ってしまえば「急いでお金を配れ」みたいなパターンも多くなりました。

仮に個人的な感想として事業自体の是非に想いがあったとしても、事務方としては、住民のためにしっかり取り組んでいかなければなりません。やりたくないからやらない、というわけにはいかないのです。

一方では、こういうパターンの新規事業では、準備時間も十分にはなく、なし崩し的、もぐら叩き的に検討を進めてしまいがちです。

でも、どうせやるなら遺漏なく、効率的に、かつ効果的にやりたいものです。そのためには、**どうすれば「最少の経費で最大の効果」を挙げられるのか、しっかり考え抜いた事業プランが必要**になります。

事業にはヒト・モノ・カネがつきもの、とよく言われます。予算は当然のことながらカネですが、ヒトにもモノにもカネはかかるので、結局のところ、「どう事業を運営していくのか」という全体像に予算は関わってきます。まずは、事業の組み立て方を考えてみましょう。

お金の話をする前に、まずは目標を決める

どんなパターンの事業でも、具体的な手法や手順の検討、ましてや電卓片手に予算の積算を始める前に、やってほしいことがあります。

それは、**「事業の目指すところ」の明確化**です。端的に言うと、事業の「目標設定」でしょうか。

自治体の独自事業なら「達成したい政策目的」かもしれませんし、国から与えられた制度改正対応や給付などのミッションなら「何をいつまでに処理するか」かもしれません。

さらには、「実施にあたって何を重視するか」も、やはり「目指すところ」の一種。例えばスピード感、コストパフォーマンス、クオリティ。同じ事業でも、何を重視して進めるかによって、重点を置くポイント、つまりはお金をかけるところが変わってきます。

このあたりの解像度をできるだけ高くして、担当や関係課で共有できるかどうかが、ボタンの掛け違いを防ぐ第一歩です。目的や目標、方針をふわっとさせたまま具体的な検討に入ってしまうと、手段と目的がズレてきたり、無駄な作業工程が残ったりしかねません。それは、予算上でも費用対効果の悪化や、過剰な予算の要求につながります。

事業の目指すところ、ゴールのイメージをしっかり固めてから、そこに至るルート、具体的な手法を考えていくほうが近道です。急いで事業検討をしなければならないときでも、このステップはしっかり議論をしたほうがいいと思います。

予算はゴールまでのギャップを埋める手段

ゴールと方針が定まったら、次のフェーズ、具体的な手法の検討に入ります。このフェーズでは、「ゴールに至るのに足りないものは何か？」という、**現状とゴールとのギャップに着目する**と進めやすくなります。

例えば、しっかりと合意形成を図らなければならない事業なら関係者と協議して合意を得るステップ、給付金事業なら対象者の情報、あるいはもっと単純に、材料や備品かもしれません。ギャップを埋めるのに足

りない要素を、一つひとつリストアップして整理していきましょう。
リストアップが済んだら、次は揃えていく順番、つまりは手順を考えていきます。たいていの事業には、「Aが終わらないとBに着手できない」といった制限が大なり小なりあるものです。例えば、合意形成ができ上がる前にいろいろ始めてしまうのはよくありませんし、対象者数の抽出ができなければ通知も作れません。
一方では、「時間がかかる作業には早めに着手しないと間に合わなくなる」といった、時間軸の都合もあるわけです。ここでの検討は、大きな事業になればなるほど、まるでパズルのように複雑になってきます。こういった場合、**ガントチャート（作業工程の管理表）などを作って考えていくと、俯瞰的に全体像が見えてきますし、スケジュール上の検討も同時にできて便利**です。
ここまで検討が終わって初めて、「ギャップを埋める作業の何にいくらかかるのか」、つまり予算を考えることになります。逆に言えば、ここまでのステップがしっかりしていれば、後は業者さんから見積もりを取ったり、「単価×対象数×回数」みたいな積算をしたりするだけです。

自分たちだけで決めちゃうのは危険かも

急な新規事業の検討は、ともすれば限られたメンバーで進めがちです。「船頭多くして船山に上る」という言葉もあるとおり、意見を言う人が多すぎると意思統一には時間がかかってしまうので、少人数で固めたほうが楽だからです。
その気持ちもわかりますが、事情が許す限り、**検討段階からいろいろな人の意見を聞きつつ企画を進める**ことをオススメします。特に、財政をはじめ、法務、企画、契約、営繕、出納などのスタッフ部門の視点は早めに取り込んでおいたほうが、手戻りがなくなります。
案ができてから見てもらえばいいのではと思うかもしれませんが、人間どうしても自分の完成品のアラを探されるのはイヤなものです。でき上がった後で軌道修正するほうがよほど面倒です。お願いされる側だって、早めに巻き込まれたほうが当事者感を持ってくれます。

「いろいろな視点を持ち寄る」という点では、関係課だけでなく、第三者の視点も貴重です。信頼できる人がいれば、あくまで一部の意見であることは留意しつつも、相談してみるのもよいでしょう。

あとは、他の自治体のやり方を調べるのも、この業界では常套手段です。皆さんも実践されているのではないでしょうか。電話をするときは、その自治体のウェブサイトなどから、事前に関連情報を根掘り葉掘り調べ上げたうえで聞くと、より深い話が聞き出せるかもしれません。

企画自体のPDCAを回す

やり方を決め、何にいくらかかるのかわかったら、あとはそれを予算要求して終わり、と思うかもしれませんが、少し待ってください。

その前に、**最初に設定した目標に立ち返り、それを達成するために最適な計画になっているか、客観的に確認してみましょう。**

組み上がった事業予算は、本当に「最少の経費で最大の効果」を体現するものになっていますか。無駄な手順、過大な予算はありませんか。スピードやクオリティを重視した結果、あまりに予算が膨れ上がってしまったら、逆に目標の下方修正も検討すべきかもしれません。

他にも、どこかに見落としはないか、もっと楽な方法はないか、俯瞰的に見て全体の整合性は取れているかなど、チェックすべき部分はいろいろあります。また、「この事業に反対の人たちはどう言うか」を想像して、批判的な目線で見てみるのも大事です。

事業の計画はＰＤＣＡサイクルのＰにあたりますが、このＰの中にもう一つ小さなＰＤＣＡサイクルを回すイメージです。事業計画は、こういった見直しの過程を踏むことでより磨かれ、ムダなく一貫性のあるものになっていくのです。

ちょっと寄り道

「さてはコレ、やっつけで考えたな」という事業は、他者から見ると意外とわかりやすいものです。熟考を重ねた事業は説得力も納得感もあります。自信を持って説明できる事業を練り上げましょう。

⑦ 新規事業は財源あればこそ

歳入と歳出は予算上イコールです。これは新規事業の計画でも同じこと。歳出側の事業計画だけ作って満足せず、財源もしっかり検討しましょう。

財源協議の難しさはケースバイケース

新規事業の財源をどう考えるか、どうやって財政課と協議するかは、その事業の性質によって大きく変わります。その事業が降ってきたパターンによる、と言ってもいいでしょう。

例えば、コロナ禍以降、国が多用しがちな各種の給付金事業は、基本的には国が全て財政負担する仕組みになっています（とはいえ、事務負担をはじめ、自治体には相当な負担がかかっていますが…）。

それ以外でも、国が主導する制度改正なら、ある程度の負担金や補助金が見込めたり、52ページで書いた「地方財政措置」があったりします。

この手のモノは、自治体職員がちょっと騒いだところで、今さら国の制度が変わるわけではありません。否も応もありませんから、たとえ地方負担があったとしても、財政課もそれほど目くじらは立てません。むしろ「やる側も大変だね」などと心配すらしてくれるかもしれません。

問題は、どこか上のほうから見えざる力で降ってきたような、自治体独自の事業です。こういう事業は、自治体の身銭である一般財源で、大なり小なり負担することになります。そうなると、財政課はなかなか首を縦には振りません。特に、**ランニングコストが発生するような事業では、予算の協議は相当ハード**になることを覚悟したほうがいいでしょう。

「上からの指示だから」と言いたくなる気持ちはわかりますが、これだけで押し切るのは悪手（詳しくは132ページ）。庁内調整をしっかりまとめるのは、指示を受けた事務方の責任です。

一般財源負担の新規事業を財政課に認めてもらうには

こういった独自事業の財源協議をまとめるコツは、**事業課として財源確保の努力を見せていくこと**です。

例えば、76 ～ 79ページで書いたような財源確保の事例は、新規事業でも全く同じことが言えます。ぜひ積極的に検討してみてください。

他に挙げるとすれば、「**受益者負担**」でしょうか。その事業にユーザーがいる場合は、事業経費の一部負担をお願いすることも考えてみましょう。**受益者負担ははじめが肝心**です。最初はタダだったのに、後から費用の負担をしてもらうようにするのはとても大変です。事業を始めるときから、きちんと中長期的な目線で検討しておくべきです。

適正な受益者負担のあり方まで検討が及ぶので、事業を実施する側からすると制度設計が相当大変になります。でもそれだけに、事業の財源確保に向けて最大限努力しているスタンスが打ち出せます。

これに限らず、「本気度」を何かしらの形で見せていくのがキモです。

最終的に大部分が一般財源負担になったとしても、自ら財源確保に汗をかきつつ、「数字×論理×心情」でしっかり説得力がある理論武装ができていて、事業の目標設定が合理的で、そのために最少の経費が積算されていれば、財政課も反対しづらくはなるものです。

新規事業の計画検討の最初の時点で、「この事業は何を目指すのか」がしっかり整理されていて、それを見失うことがなければ、財源の論点整理もさほど難しくはないはずです。歳出だけでなく、歳入まで一貫性のある企画を作り上げましょう。

プラスワンポイント

新規事業を始めようとするときは、スクラップ・アンド・ビルド、つまりは既存事業の廃止も同時に考えるのがいいでしょう。財政課にも好印象、対外的にも説明しやすくなります。

⑧「周りを頼る」は最強のリスクマネジメント

予算や財政の「困った場面」を取り上げてきましたが、これら以外にも個別具体的なピンチ局面はあります。乗り切る極意は「頼ること」です。

何事も、「三人寄れば文殊の知恵」

何度もしつこいくらい書いているとおり、立場が違えば見えているものが違います。部下と上司といった上下の関係でも違いますし、同じ職階の職員でも、事業課、企画、財政、法務、人事など、それぞれの部署の役割や所管によっても全然違います。

円錐が上から見たら丸、横から見たら三角であるように、同じ事業、同じ局面を見ていても、見え方は千差万別です。**自分から見えない角度に潜んでいるリスクが、他の人からは丸見えだったりする**のです。

いくら「多面的なものの見方をしよう」と心がけていても、自分ひとりの見方、自分の課だけの立場、限られた経験からでは、どうしたって限界はありますよね。トラブルを回避するためにも、陥ってしまったピンチから脱出するためにも、いろいろな立場、いろいろな経験を積んだ人たちからの意見やアイディアを集めて損はありません。

企画、財政、法務、人事のような官房系部門は、トラブルの相談対応は大なり小なり日常茶飯事です。聞き慣れていますから、安心して相談に行ってください。

特にお金に関しては、財政、契約、監査、会計（出納）あたりには、とりあえず相談してみて損はありません。その結果「ウチは関係ないかな」と言ってくれるならそれはそれで問題ありません。また、特に監査や会計にしてみれば、「先に聞いてくれれば、あとあと指摘しなくて済む」

という案件の場合もあります。遠慮せず頼ることがお互いのためでもあります。

また、トラブルが起こってから「あの課に事前に相談しておけば防げたのに」というタラレバ事案も、割と「職員あるある」ではないでしょうか。こういう悔しい思いをしないようにするには、どこかに相談に行ったときに「**他に相談しといたほうがいいところってある？**」という一言が効果的です。あえて自らたらい回しされに行くような感じですが、転ばぬ先の杖という気持ちで回ってみましょう。

自分のメンタルも大事にしよう

最終的に「開き直って謝る」までを含めれば、どんなトラブル、どんなピンチも、何かしら打開策があります。そういう意味では、命まで取られるようなことはありませんから、**終わらないトラブル、突破できないピンチはありません**。

とはいえ、トラブル事案に孤独に向き合うのは、どんな強メンタルの人でも、かなりツラいものがあるはずです。それが、部署の責任者たる管理職なら、なおさらです。

ピンチを脱する前に精神的につぶれてしまっては元も子もありません。なんとか乗り切るには、一人で抱え込まず、誰かに相談したり、愚痴ったりできるかどうかが分かれ道、といってもいいかもしれません。

どこの課にいたって、同じ職員です。あなたのトラブルは自分の所属する組織のトラブルでもあるわけで、みんな一緒に悩んでくれるし、助けてくれるはず。時には意見を異とすることがあるかもしれませんが、それはそれ、これはこれ。**普段から腹を割って話せる関係性を築いておくのが、何よりのリスクマネジメント**かもしれません。

ここに注目！

困ったときはお互い様ですし、明日は我が身です。庁内全体を良い組織文化にしていくためにも、「自分が困ったら相談するし、相談されたら助けてあげる」という意識を常に持って仕事にあたりましょう。

COLUMN 5

立場を使い分ける

本書では、「立場が違えば見えているものが違う」という言葉を何度も使っていますが、この裏には、「だから、今の自分から見える結論が正しいとは限らない」という思いがあります。

これって、すごく怖いですよね。どこに、自分からは見えない落とし穴があるかわかりませんから。

そこで私は、複数の視点や立場を使い分けられるようになることが大事なのではないか、と考えています。多くの視点で物事を見ることができれば、その分落とし穴を見つけやすくなるはずです。私が、市の職員の傍ら中小企業診断士として細々としたプロボノ活動をしているのも、それが理由の一つです。

そこまでしなくても、皆さんだっていろいろな立場を日常的に使い分けているはず。誰かのかけがえのない家族であったり、町内会の役員だったり、趣味のサークルや地域活動のメンバーだったりするでしょう。

それぞれの立場から自分の仕事を見てみると、「〇〇課の課長」という立場での判断とは、また違った結論が出てくることもあるはずです。

別の視点で見てしまったが最後、その結論とのギャップに悩むときもあるでしょう。でも、悩んだ結果の結論にはきっと、悩んだ時間にふさわしい価値、深みが生まれているに違いありません。

ちょっと話は違いますが、航空業界では、パイロットの経験のバロメーターの一つに「総飛行時間」があるそうです。それを言ったら私たちだって、地域で活動した時間、まちのことを考えている時間の全てが、いずれどこかで仕事に活きるかもしれない時間です。

私たちの仕事は、住民の皆さんの生活に直結しています。裏を返せば、私たち自身が地域で生き、誰かと過ごす時間の全てが、私たちの「総仕事時間」なのかもしれません。

言葉にしてしまうと、とてもブラックですが…。

第6章

議会も財政課も怖くない！管理職の心構え

①「議会でいろいろ聞かれそう…」会議録に失言が残る前に

管理職が避けては通れない議会対応。永久保存の会議録に変な発言を残さないよう、入念な準備と心構えで乗り切りましょう。

何はともあれ、まずは会議録を読もう

自治体の仕事では、「なんの脈絡もなくいきなり事業が始まった」なんていうことはそうそうありません。継続事業にも、新規事業にも、必ず今に至るまでになんらかのいきさつがあります。皆さんも管理職になったとき、何かしら前任者から引継ぎを受けたのではないでしょうか。

そういった「以前からの経緯」を踏まえて仕事を進めていかなければならないわけで、政策や事業に対する執行部の姿勢や見解は、担当課長が異動したからといって、そうコロコロ変えていいものではありません。

議会対応も同様で、過去の見解と矛盾することを言うのは、何か事情がない限り避けたほうがいいでしょう。たとえ多少の軌道修正や政策の転換があったとしても、そこには過去の経緯を踏まえた「変更の理由」が必要になってきます。

そういった、**過去の公式見解が積み重なって残されているのが、議会の会議録です。**これを見れば、自分の担当業務に対して今までどんな議論がなされ、執行部はどういうスタンスだったのか、それがどう変化してきたのか、などが読み解ける、まさに情報の宝庫です。

少なくとも、数年分は遡って調べておいて損はありません。多くの自治体では、会議録はシステム化されていると思いますので、調べるのはさほど大変ではないはずです。自分の担当する事業のキーワードで検索して、今までどんな議論がされてきたか、頭に入れておきましょう。

読むときは、コトとヒトに着目すべし

会議録で自分の課の過去の答弁を調べるときには、「コト」と「ヒト」に着目して読むのがオススメです。

まずは、「コト」から説明します。こちらは、平たく言えば「何を聞かれ、どう答えたか」です。自治体にはたくさんの事務事業がありますが、注目されやすい事業と、そうでもない事業というのはやはり分かれます。さらに、よく質問される事業のなかで「聞かれがちな論点」というものも、やっぱりあります。となれば、受験勉強と同じで、頻出の論点はしっかり押さえておきたいところです。

特に、予算や決算の審査ではデータがたくさん求められますが、ありとあらゆるデータを準備しておくというのはあまり現実的ではありません。ある程度ポイントを絞っておくことがとても大事です。集めるデータを絞るためにも、まずは論点を整理しておきましょう。

次に、「ヒト」。こちらは、「誰が質問したか」です。

議員の方々には、それぞれ大事にしているテーマのようなものが何かしらあって、定期的に同じテーマを質問したり、以前に指摘したことの経過を確認したりすることがあります。

自分の課の事業に注目しているのは誰で、その視点や聞き方はどういったものか、どういう数字を気にしているか。相手のイメージをつかんでおくのは、具体的な質問の想定に非常に役立ちます。

過去の会議録の「コト」と「ヒト」、さらに自分の事業の現況に照らして、「あの議員さんなら何に着目してなんて言うだろうか」とイメージできるくらいには、準備しておきましょう。

プラスワンポイント

会議録を読めば、そこに残っている先人たちの議論を追体験できます。「自分だったらなんて言うかな」と思いを巡らすのも、いいイメージトレーニングになるのでオススメです。

② 予算・決算に関する答弁では「定量」と「定性」を結びつける

予算や決算はお金、つまり数字で表されます。当然、その審査では数字が聞かれます。どんな情報を用意すればよいか考えてみましょう。

大事な数字は時点更新しておこう

今さら言うことでもありませんが、予算や決算はお金に関する話です。お金が絡む議論が他の話と大きく違うのは、いろいろなことが数字で表現される、ということです。

例えば、単価、対象件数、回数、期間、時間、個数、面積…。予算書や決算書に記載される「金額」は、こういった数字たちを掛け合わせた結果です。さらには、「平均」とか「利用率」みたいな指標も、上に挙げたような数字を組み合わせて計算することではじき出されます。

予算書や決算書に書かれた「金額」から議論がスタートするので、そういった**数字を問われやすいのが、予算審査・決算審査の特徴**でもあります。過去の会議録なども確認して、聞かれそうな数字、あるいは聞かれたことがある数字、つまりは数値化される定量的データをあらかじめ集めて、見やすく整理しておきましょう。

第３章で紹介した財政指標や、行政評価での評価指標と同じように、自分の事業の指標になるような定量データを何か設定し、議会前に随時更新するクセをつけておくと、汎用性が高くなります。その指標の過去からの推移や、近隣自治体との比較といった情報も集めておくと、さらに便利です。

このあたりは、議会に関係なく、予算編成や庁内・庁外を問わず事業の説明などでも使うはずですから、しっかりデータを集めておきましょう。

大事なことは、定量と定性の間に宿る

数字は大事ですが、では数字さえ用意しておけばいいかというと、決してそうではありません。

その事業はなんの目的のためにあるのか、効果は十分に挙がっているのか、他にどんな手段があるのか、事業の評判や利用者の意見、最近の傾向、他地域の動向…。こういった数値化できない定性的な情報こそ、議員の皆さんが一番気にしているところです。

数字はあくまでもそれらを表すものでしかありませんが、ウラを返せば、**定量データを使えば定性的な情報に説得力を与えられます。**

例えば、ただ「利用者からは喜ばれています」と言うだけだと「本当かなぁ」と疑われてしまうかもしれませんが、そこにデータを加えれば、「この事業は利用者からの評価が高く、実際、昨年度と比較して利用率も○％向上しています」と胸を張って言えますよね。どちらのほうがより納得感があるかは明らかです。

このように、客観的な定量データで定性的な情報を補強する手法は、他にも「増減の推移とその理由」とか、「他自治体との比較を踏まえた現状」などといった様々な分析にも使えます。

数字は、数字だけで意味があるものではありません。数字から何かしらの傾向や兆候を読み取って、それらが示唆していることは何なのかを理解したうえで、今後の事業をどう進めていくのかまで昇華できて、初めて意味が生まれるのです。

生きた数字の使い方をするには、定量と定性を客観性のあるロジックで組み合わせ、結論を導くのが大事です。

プラスワンポイント

定量と定性の話は、第４章で書いた「数字×論理×心情」に近いものがありますが、議会対応で心情を強く出すのは、常にいい結果を生むとは限りません。ケースバイケースの対応を心がけましょう。

③ 予算で聞かれがちなこと、決算で聞かれがちなこと

当初予算と決算は、財政に関する議会案件の２大巨頭です。未来の予算と過去の決算、その共通点と相違点を整理してみましょう。

当初予算では、目指す未来を語る

第１章②に書いたように、当初予算は、１年間のまちづくりの設計図です。そして、これは補正予算も同じですが、予算は議会に提出して、議決してもらわなければいけません。

言い方を変えれば、予算の審査は、住民の代表である議会に対して、その設計図を見てもらう手続きです。そこでの議会の役割は、設計図が将来のまちの発展につながるものであるかどうかの審査ということになります。

そのため、予算審査での議論は、「このお金で何をするの？」に始まり、「なんでそれをやるの？」「それによってどんな効果があるの？」「それが現状ベストなの？」といった、これからやろうとすることの是非を問うような聞き方が中心になってきます。

とはいえ、例年やっている仕事が、なんの変化もなく例年どおり実施されるだけなら、それは去年以前の予算審査ですでに審議され、議決をもらっているはずです。そのため、予算審査では、新しく始まる事業、昨年から変わったところ、社会情勢が変化している分野などがクローズアップされる傾向があります。

新規事業や大きな変更があったところは特に質問を受けがち、というのは言われるまでもないでしょう。**新規事業の企画検討や、その後の予算編成のときに練り上げた理論武装をうまく活用して、どんな未来を目**

指してどんな事業を行うのか、しっかり整理をしておきましょう。

問題は、環境変化への対応、例えば、「わがまちでは、最近こういう新しい課題が生まれていますが、どう対応するのですか？」などと問われた場合です。それが新規事業や既存事業の変更点に反映されていたり、しっかり検討した結果として「対応は不要」という判断がされていたりするならそれでいいのですが、「言われてみるまで何も考えてなかった」となると、なかなか苦しい答弁を迫られることになります。

日頃から、特に自分の所管する政策分野の情報にはアンテナを高くして、死角のないようにしておきましょう。

決算では、過去を踏まえて未来を語る

予算がまちづくりの設計図なら、決算はまちづくりの通信簿、でした。学校でもそうですが、通信簿には良いことも悪いことも、ありのままの結果が書かれてきます。

決算書も同様で、成果の上がった事業やうまくいかなかった事業、想像以上に入ってきた税収や予算を割り込んでしまった補助金、予想外の事態に対応すべく使った予算流用や予備費充用など、いろいろなものがありのままに表示されます。

ということは当然、決算審査のなかで、それらの説明を求められることになるわけです。

ここで一番聞かれそうになるのは、因果関係です。結果が良かったなら良かったなりの要因、悪かったなら悪かったなりの要因が何かしらあるはずです。**定量的な数字である決算書を定性的な情報で補完して、議会も住民も、何より自分たち自身も納得できる要因をしっかり分析しておきましょう。**

このあたりは、事業そのものの結果だけでなく、予算流用や予備費充用、大きな執行残額や収入未済額に関しても同じことが言えます。軽微な予算流用や、いかにも緊急そうな使い道の予備費充用なら、それほど気にされることもないかもしれませんが、金額が大きかったり、それほど緊急とは思えないような使い道だったりすると、目についてしまいま

す。大きな執行残額や収入未済額も、「何か事情があるんだろうな」と思えば、その事情を聞いてみたくなるのが人情です。きっちり整理しておく必要があるでしょう。

もう一つ、気を付けておくべき大事な視点があります。決算は過去の話なのですが、議会での審査はおそらく過去の話だけでは済みません。議員の皆さんの多くは未来志向です。別に過去の不備を責めたいわけではなく、未来につながる話をしたいと思っているはずです。

そのため、良いことなら「さらに良くするためにどうするか」、悪いことなら「どう改善していくか」の答えを求めています。執行部としても、未来志向で「次回はどうするか」の案を持っておき、説明できるようにしておかなければいけません。

そういった執行部の案を踏まえて「次はこうしたらどうか」という議会からの意見や提言につながっていくのが、決算審査の本質なのではないかと思います。

予算・決算審査の意見をいつ反映するか

予算はそもそも未来の話で、過去の話である決算ですら本質的には未来志向です。つまり、予算や決算の審査の過程で議会からいただく意見は、だいたい未来志向と言えます。

となれば、その意見にどんな答えを出していくのか？　というのが、執行部に与えられた次の宿題になるわけです。

そして、宿題につきものなのが、提出期限です。普通に考えるなら、ある年度の決算での意見は、次の年の予算に反映するのが一番なのですが、実際にはそうはいきません。

予算と決算の時系列的な関係を図示してみましょう。

当たり前の話ですが、ｎ年度の予算案をｎ－１年度の３月議会で審査していただき、その後ｎ年度の執行が始まって、一年が終わり、決算を議会に提出するときにはもうｎ＋１年度が始まっています。

ｎ年度の決算を審査する議会はｎ＋１年の９月で、その頃にはすぐにｎ＋２年度の予算編成が始まることになります。

図-⑩　予算と決算の時系列整理

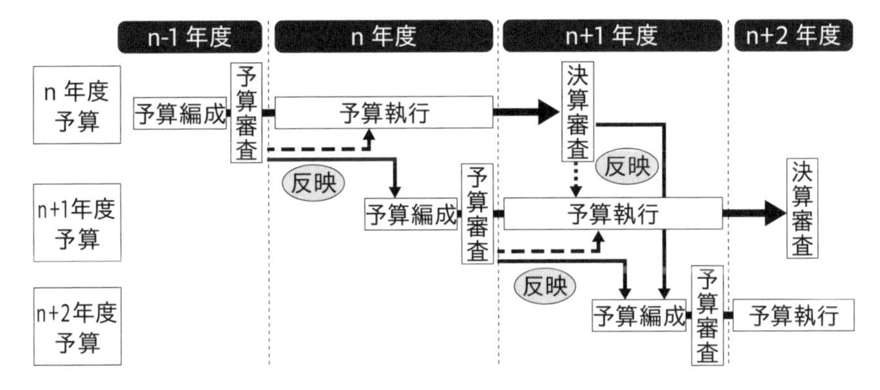

n年度の決算の審査で出た意見をn＋1年度の予算に反映できないのは、こういう図式だからです。内容によっては、n＋1年度で補正予算を組むとか、予算流用や執行上の工夫でなんとかできるものもあると思いますが、この時点ではすでにn＋1年度はほぼ半分を過ぎています。事業の内容を大きく変えるようなものは、やはりn＋2年度の予算編成への反映が基本路線になってきます。

予算審査での意見も同様、n年度予算の審査での意見を、n年度の執行で直接反映するのはやはり限界があり、次の予算編成から検討するものはn＋1年度予算の編成、という対応になってくるでしょう。

検討には時間がかかるケースも多そうですが、特に決算審査での意見を次の予算に反映しようと思ったら、次の予算編成まで時間がありません。いずれにしても、**議会からの意見や提言、指摘に対する検討結果は、「できる」「できない」に関わらず、どこかのタイミングで示さなければなりません。**遅れないように、かつ入念に準備を進めましょう。

ここに注目!

「ご意見・ご指摘を何にどう反映するか」は、行政運営の永遠のテーマです。予算・決算に限らず、行政評価などでも同じ図式ですから、そのあたりもセットで考えてみるとよいかもしれません。

④ 財政課がコワイというあなたへ

財政課に「苦手」「怖い」という印象を持っている人もいるでしょう。相手の考え方を知れば苦手意識も払拭できます。

最少の経費で最大の効果を挙げたい

財政課は、何かというと事業課の皆さんに苦言を呈したり、「待った」をかけてきます。皆さんが財政課に対して持っている苦手意識も、そのあたりに原因があるのではないでしょうか。

財政課のそうした言動の背景には、地方自治法があります。61ページにも書いたとおり、第２条第14項には、「地方公共団体は、（中略）住民の福祉の増進に努めるとともに、最少の経費で最大の効果を挙げるようにしなければならない」とあります。

これは、平たく言えば**「費用対効果の最大化」**です。別に財政や予算に限ったことではありません。費用には、金銭だけではなく時間や労力も含み、効果は究極的には「住民の福祉の増進」です。その点では、どの課でも肝に銘じておくべき条文です。たまたま財政課はお金が絡むことが多いので、結果として特にこれを意識した意見を言うことが多くなるだけのことです。

費用対効果は「効果÷費用」なので、お金である費用だけを見ればいいわけではありません。財政課だって、むしろ、「効果」のほうこそを重視していると言ってもいいくらいです。

ここで少し考えてみたいのは、「効果」は具体的に何を指すのか、です。

例えば、公用車を一台増やすとします。「車の費用対効果」というワードからは、使用頻度とか、使途に合わせた車種の検討とか、購入とリースのトータルコストの比較といった話を想像しがちです。

でも、ここで本当に考えるべき効果は、「公用車の増加で得られる住民福祉の増進」です。ここで車を一台増やすことで、具体的にどんな住民サービスがどう向上するのか、なのです。

ひょっとしたら、車を増やさなくても同じ効果を得られるような工夫を考える余地があるかもしれません。車を増やす分のお金を使って、もっと住民サービスが向上するような、何か全く別の施策を立案する方向性も考えられます。車を増やすことが目的になってはいけません。

そういった、ちょっと大きな視野での「費用対効果」の検証を経ずして「車の台数を増やしたい」と言い出してしまうと、財政課に苦言を呈されることになってしまうのです。

将来のために、歳入に見合った歳出に留めたい

費用対効果の検証が十分されていて、そこに異論はなくとも、やっぱり財政課がストップをかけるときがあります。そんなとき財政課の頭にあるのは、**「身の丈に合っているか？」という観点**です。

例えば、大規模な投資を要する事業は、それだけ大きな投資効果も期待できるわけです。スケールメリットが生じることも合わせれば、投資額が大きければ大きいほど「効果÷費用」の試算自体は高くなることが多いはずです。

では、小さな町や村でも、政令指定都市にあるような立派な施設を建てるべきかというと、それはちょっと違うときもあるでしょう。これは極端な例としても、これがいわゆる「身の丈」観点で判断した結果です。

財政運営の基本は「入るを量りて出ずるを為す」です。財政課が持っている意識で言い換えると、「歳入あっての歳出」や「ない袖は振れない」といったワードになるでしょうか。

大きな事業では、基金を取り崩したり、地方債を借りたりして財源を工面することはもちろんありますし、それを否定するわけではありません。ただ、それで事業費は用意できたとしても、「その投資が身の丈に合っているか」という話は避けて通れません。

なぜなら、基金は過去から貯めてきて、使わなければ未来に残せる財産であり、地方債は未来のお金の前借りだからです。

今大きな投資をすることで、現在のまちが大きく栄えたり、それによって未来のまちに大きな財産を残せたりするかもしれません。でも、ひょっとしたら、未来のまちに負の遺産を背負わせたり、本当なら未来の世代が受ける住民サービスに使うはずの一般財源を、公債費という義務的経費に変えてしまっているかもしれないのです。

63ページでも少し触れましたが、事業課は主に「現在」の住民のニーズや困りごと、行政課題に直面していて、その視点から様々な事業を立案することになります。一方で財政課は、「未来」のまちのお財布事情も考えた判断をします。時間軸が異なるだけで、どちらも住民のため。私たちは、その前提に立ったうえで、両方の視点を両立できる結論を見出さなければならないのです。

そういう意味では、事業課は現在の住民の代表、財政課は未来の住民の代表であり、財源の協議は、現在と未来の住民同士の対話と言ってもいいのかもしれません。

将来のまちに、投資された資産を残すのか、潤沢な資金を残すのか。どちらを選んでも、住民のために考えた結果であることは変わりません。財源の協議は「住民のためにより良い選択をするためのもの」という意識を、お互い忘れずにいきたいものです。

お金をケチればいいというわけでもない

「財政課はいつも『費用対効果がない』とか『ない袖は振れない』みたいなことしか言わない。あいつらはとにかくお金をケチりたいだけなんだ」と思っている人もいるかもしれません。

まぁ、そういう一面も否定はできませんが、必ずしもそうとは限りません。ケチらず使ってほしいときというのも、実はあります。参考までに、いくつか事例を紹介しましょう。

例えば、国が経費を全額負担する給付金事業では、基本的には事務経費も国が出してくれます。ただ、国は原則として職員の労力までは措置してくれませんから、できるだけ事務費を圧縮しようとして職員が手間暇かけるくらいなら、いっそお金をかけたほうがいい、という結論は十分ありえます。

もちろん、素早く、かつ間違いがないように、という観点で手間暇をかけるのは大事ですし、国が負担するとはいえ原資は国民の税金ですから、無駄遣いをしていいわけでは決してありません。しかし、自治体が身銭である一般財源ベースで「最少の経費で最大の効果」を追求するなら、国の事業のための事務負担によって、通常の住民サービスに影響が出ないようにする配慮も必要になってくるはずです。

特定財源絡みでもう一つ例を出しましょう。「使い切ったほうがいい」場合です。例えば、何か特定の目的で寄付をいただいた場合、その全額を寄付者の意向に沿って使い切るのが筋です。使い残して繰越金になったら、一般財源に溶けてしまいます。一度一般財源に溶けたら最後、極論すれば職員人件費に使ったのと区別がつかなくなってしまいます。

もちろん、無駄に使うようなことがあってはなりませんが、「しっかりご意向に沿った使い方をしました」と、胸を張って寄付者に報告できる状況に「見える化」しておくべきだと思います。

最後にもう一例。身銭である一般財源はできるだけ温存したいのが財政課の立場ですが、これもケチればいいとは限りません。

最たるものが、緊急時です。「施設や備品が壊れたけど、お金がないから我慢する」といった判断は、その壊れたモノの重要性や、放置する危険性などを踏まえて考えるべきです。お金に糸目をつけている場合ではないことも、世の中にはあります。

ここまでいろいろ例を出してきましたが、財政課も常にケチケチしているわけではなく、ケースバイケースなのです。大事なのは、冷静に判断できるように、情報を揃えて相談に行くことです。

ちょっと寄り道

「財政課はいつも怖い顔で電卓を叩いていて、話しかけづらい」という話も聞きます。笑いながら電卓叩いているよりはマシだと思いますので、勇気を出して話しかけてみてくださいね。

⑤ 庁内調整に財政課を巻き込む

庁内の複数の部門に集まってもらって調整をするとき「財政課を含めるか」で迷うこともあるでしょう。考え方の一例を紹介します。

迷ったら巻き込むが吉

お金が絡む話で部門間調整をすることになると、前項で書いたように、財政課は立場上ブレーキ役に回ることが多くなります。

そのため、「いっそ呼ばないで話をまとめたほうが楽」と思う人もいるかもしれません。自分たちが前向きに進めたいと思っているのにブレーキをかけられてしまうのは、とても歓迎する気にはなれませんよね。

そんな気持ちも十分理解できます。

でも、その判断は少しだけ待ってください。

お金が絡む話なら、最終的にはどこかで財政課と話をしなければならないわけで、不在のまま先に決めてしまうと、その後で財源の話が折り合わなかったり、想定どおりに進まなくなってしまったりしかねません。そうなると、一度調整メンバーで合意したはずのものが仕切り直しになったりもしますから、「かえって遠回りになってしまった」という結果になる可能性すらあります。

企画段階からブレーキ役がいるのはやりづらいでしょうが、最初から巻き込んでおけば、いざ庁内の合意形成という段階で財源的な観点から反対されずに済みます。財政課の側でも、その企画があることを見込んで腹積もりをしておくことができます。

財政課に限らず、**ブレーキ役がいたほうがバランスの取れた結論を導けることもある**のではないでしょうか。急がば回れ、という言葉もあります。より濃い議論をして、より納得感のある結論を出すためにも、アクセルとブレーキの両方が機能するメンバー構成を心がけましょう。

下手な巻き込み方、上手い巻き込み方

同じ「巻き込む」にしても、巻き込まれる側にとってみれば、下手な巻き込み方、上手い巻き込み方を感じるときがあったりします。

例えば、最初からブレーキをかけられないように、大枠を先に他のメンバーで固めておいてから、「財政課と協議済み」のアリバイを作るために、「じゃあ今日決定します」というタイミングで呼ぶ、といったやり方は、あまりオススメできません。

ブレーキ役に回る側にしてみれば、すでにスピードがついた状態にブレーキをかけるのはとてもストレスです。

もちろん、アリバイ作りをしたいだけならこれも有効でしょうし、テクニックと言ってしまえばそれまでかもしれません。ですが、この手法は諸刃の剣です。下手に使って余計な軋轢を生んでしまうと、後々まで引きずることになってしまいかねません。

本当に良い事業なら、皆さんの自治体の財政課も、財源も含めてどう合意形成していくかを一緒に考えてくれるはずです。

やりたい事業の目的や必要性をしっかり議論して、そのうえで「最少の経費で最大の効果」を実現するやり方を考えるところから巻き込んでいくのが正攻法ですし、そのほうが最終的には良いものができ上がるはずです。どうせ巻き込むなら、最初から巻き込んで一緒に考えてもらいましょう。

プラスワンポイント

逆に、あまり関係ない事案でも「念のため財政課も呼んでおこう」という理由で呼ぶケースも見られます。関わりが薄そうなら、先に参加するかどうか聞いてみるのも一案です。

COLUMN 6

費用対効果の最大化とは

費用対効果の最大化は、地方自治法にも書かれた我々の責務ですが、では何をどうしたらいいのか、少し深掘りしてみましょう。

事業には目的がつきもの。目的の達成度合いが効果で、そのために投じたヒト・モノ・カネが費用です。

例えば、交流人口の増加を目的としたイベントをやったとしましょう。お金をかけてタレントを呼んで集客して、当日の参加者数はかなりの数字になりました。よって目的は達成。めでたしめでたし。

果たしてこれでいいものでしょうか。そうではありませんよね。

そもそも、私たちはなぜ交流人口を増やしたかったのでしょうか。①交流人口から定住人口の増加につなげたかった、②これを機に地元の観光資源に注目してほしかった、③地域の商店にお金を落としてほしかった、いろいろな「真の目的」があったはずです。

本来、この「真の目的」によって、測定すべき効果も、イベント当日にやることも、イベント後に仕掛ける取組みも違うのです。

①だったら、参加者のうち、移住の意向を確認して今後の継続的接触の手段を確保できた人数を数えておくべきだったかもしれません。②だったら、イベント会場から観光資源を周遊する手段を用意しておくべきだったでしょう。③だったら、当日だけ潤っても仕方ないので、その後もお店をリピートしてもらえる仕組みを併用したほうがいいはずです。

事業を始めるときには、解像度の高い目的の設定、それに見合った効果測定の方法、効果を高める手段、全てをトータルコーディネートしておく必要があります。ふわっとした目的設定や効果測定では、高い費用対効果は望めません。

「神は細部に宿る」という言葉があります。ひょっとしたら、費用対効果も細部に宿っているのかもしれません。

第7章

気を付けよう！財政NGフレーズ

①「財政課に予算を落とされた」

住民のための事業なのに内示を見たら予算が付いていなかったら、こうも言いたくなります。ただ、絶対口に出してはいけないときもあるのです。

庁内では考え方が違っても、自治体の見解はいつも一つ

「予算を落とされた」。一件査定で予算編成をしている自治体では、よくあることで、よく聞くフレーズです。私自身、落としたことも落とされたこともあります。よくある話ですから、このフレーズを職員間での世間話や酒の肴にする分には別に問題ありません。でも、外に出すのは御法度です。なぜでしょうか。

確かに、事業課としては、せっかく住民のためにいろいろ検討して要求したのに、予算が付かなかったらがっかりしますし、関係者にどう説明したらいいか困ります。「責められるのはこっちだぞ」と言いたくもなり、実際責められることもあるでしょう。

例えば、道路を直してほしいという地域の要望に応えて予算を要求したのに、その予算が付かなかったら、その地域の住民からは「どうして直せないんですか」と聞かれてしまいます。そういうときについ言ってしまいがちなのが、「私たちは予算要求したんですが、財政課に予算を落とされたんです」というフレーズです。

確かに事実は事実ですが、住民からすれば、これは責任逃れの言い訳にしか聞こえません。**その方が本当に聞きたいのは、職員個人や、庁内の部や課としての見解ではありません。その自治体全体の判断として予算を付けられなかった理由はなんなのか、です。**

管理職は、そういう観点で自治体を代表して住民を説得する立場です

から、その場では自治体としての見解を話さないといけません。皆さん自身が、予算編成の過程で財政課と腹を割って、お互い納得できるまでしっかり対話を重ねていれば、自治体全体の財政事情や、他の事業と比較した優先順位付けの結果であることなど、説得材料は必ず持っているはずです。

議会で聞かれたときこそ、ある意味チャンス

議会で、地域の代表である議員から「住民から要望が出ていたあの事業はどうなりましたか？」と聞かれることもあるでしょう。そんなときも、「財政課に予算を落とされた」というフレーズは、絶対ＮＧです。

議会も住民と同様、執行部全体としての判断を質問していますから、この答弁は「執行部不一致」をさらすようなものです。首長以下、他の幹部職も聞いていて記録にも残る場面ですから、「おいおい何を言ってるんだよ」とひんしゅくを買いかねません。

財政課に対して「それ見たことか」と思う気持ちはわかりますが、口に出したらおしまいです。ここはぐっとこらえて無難に答弁をこなし、議会が終わった後で、バツが悪そうにしている財政課に恩を売っておくほうが、賢い立ち回りなのではないでしょうか。

では、そんなときはどう言い換えればいいのでしょう。ちょっと抽象的ですが、**「財源が限られるなか、まち全体の課題を俯瞰して、優先順位を付けた結果、今回は見送りとした。今後も、代替手段の検討なども含めて、課題解決を考えていきたい」**といった感じで受け流してみるのはいかがでしょうか。

ちょっと寄り道

財政課も、その事業がムダだと思っているわけではありません。ただ、まち全体の状況を見据えて、苦渋の取捨選択をせざるを得なかっただけ。落としたほうも落とされたほうも、苦しい気持ちは一緒です。

② 「前例がない／毎年やってる」

「やったことがない」「毎年続けているから」。予算編成の過程でもよく聞きます。反射的に言いがちですが、これだけでは理由にはなりません。

本当の理由は別にありますよね？

誰だって、新しいことを始めるときは少し不安ですし、今まで続けてきたことをやめたり変えたりするのには勇気がいります。責任を取る立場になればなおさらのこと。その気持ちはよくわかります。

でも、このフレーズが頭をよぎっているということは、なんらかの形で、変化の提案や問題提起に直面しているはずです。今、目の前に、何かを「変えてほしい」という人が現れているのではないでしょうか。それは部下かもしれませんし、上司かもしれません。住民、議会という可能性もありますし、予算編成の過程で財政課からそんな提案をされることもあるでしょう。

たとえ相手が誰にせよ、そんな人に対して、ただ単に「前例がなくて不安だから」「勇気がいるから」といった、ある意味感情的な理由を直球でぶつけても、なかなか説得できません。

こういうときは、**本当の理由を言語化する必要があります。**

例えば、前例がないことは、気づきづらいところに実現性に欠ける落とし穴があったりします。だからこそ前例がないわけです。また、どういったトラブルが起きるか予測がつかないリスクがあったりもします。この場合、それらの検証をしていく必要があります。

毎年やっていることには、今までの実績や効果があり、安定感があります。変えたい人もいるでしょうが、変えずにいてほしい人もそれなりにいるかもしれません。そうなると、どちらがより公共の福祉の増進に効果的か、という話になってきます。そのままでは水掛け論になるので、客観的な判断基準を設けて考える必要があります。

こういった「本当の理由」を見つけて、メリットとデメリットを比較検討し、客観的に判断した結果の「やらない」「変えない」であれば、仕方ないと思ってもらえるのではないでしょうか。

一歩踏み出す勇気も大事

客観的な判断とはいっても、人間どうしても心理的な重力のようなものがかかり、無意識に「やらない」「変えない」方向へと考えてしまいがちです。これを、心理学用語では「現状維持バイアス」と呼びます。

このバイアスを取り除くには、定量データを使って判断したり、第三者の意見を聞いたりするほか、「自分の判断にはバイアスがかかっている可能性がある」と認識するのも有効だそうです。そういう意味では、いったん「変えてみよう」と前向きな気持ちで検討してみるのも一つの方法です。

もちろん中身にもよりますが、特に若手から出てきた「やりたい」「変えたい」なら、人材育成、組織活性化の観点も含めて、広い視野で判断してもいいのかもしれません。部下に、リスクやデメリットもしっかり冷静に確認させつつ、一歩踏み出してもらう経験をさせるのは、「部下の成長」という、未来への種まきでもあります。

こんなときは、**「今まで変えてこなかったのには、こういう理由があり、実現には、これを解決する必要がある。やるかどうかは置いておいて、いったん解決策を考えてみようか」**と言い換えてみてはどうでしょうか。

ちょっと寄り道

前例踏襲にはいい面もたくさんあり、あえて変える必要のないものもたくさんあります。結局は、「そこに愛（をもって考え抜いた本当の理由）はあるのか」こそが大事なのではないでしょうか。

③「よそがやってる／やってない」

他の自治体の取組みを参考にするのは大事ですが、「よそがみんなやってる／やってない」が理由なら、思考停止に陥っているかもしれません。

情報としては大事だけど、これだけでは理由にならない

57ページでも書いたとおり、自分たちの事業を他の自治体ではどんなふうに実施しているのか、調べて、知って、比べてみるというのは、とても大事なことです。ただ、調べてみたら思いのほか自分たちが少数派だったときは、ちょっと焦りますよね。その気持ちはよくわかります。

「よそがやってる」「よそはどこもやってない」という言葉自体は、別にＮＧでもなんでもありません。それは、自分たちが今後どうしていくかの貴重な検討材料になり、改革・改善のきっかけにもなります。

とはいえ、「他の自治体がどうしているのか」は状況証拠でしかなく、前項の「前例がない／毎年やってる」と同様、それだけでは判断の理由になりません。

他の自治体がやっている事業、やっていない事業、それぞれなんらかの理由があるはずです。ただ「ウチだけやり方が違う」と騒ぐのではなく、その理由をしっかり突き止めてから対応を考えるべきでしょう。

海は青いか、それとも赤いか

経営学の世界では、競争が激しい市場をレッドオーシャン、競争相手が少ない市場をブルーオーシャンと言います。我々の業界も、「自治体間競争」という言葉が生まれて久しく、最近では「よそと同じことだけ

を横並びでやっていても、差別化にはつながらない」という風潮になってきています。

その観点で言えば、「みんなやってるから自分たちもやろう」は自らレッドオーシャンに飛び込む行為であり、競争戦略上は正しいとは限りません。「他自治体がまだ手を付けていないところこそ、ブルーオーシャンかもしれない」、そんな視点を併せ持つことも必要です。

ただし、前例がないことにはやはりどこかに落とし穴があったり、何かリスクを抱えたりしている可能性があります。十分に石橋を叩いて、慎重に検討する必要があるでしょう。

ちなみに、一般的にブルーオーシャン戦略が成立する条件の一つに、「競合相手と中長期で差別化できる要因があること」があります。

自治体は、それぞれ置かれた環境や持っているものが違います。人口規模、年齢構成、産業、交通、文化、歴史など、様々な個性があり、「類似団体」という言葉はあれど、全く同じ自治体は存在しません。

どこの自治体でも同じように横展開できるものなら、とっくにどこかが始めているはずです。よその成功事例は、そのまち特有の強みがあればこそ、かもしれません。他自治体の取組みを参考にするときには、「これは自分たちのまちに合っているのか」という観点でも、しっかりチェックしておかなければなりません。

結局のところ、判断するのは自分たちです。情報を集めて、チャンスだと判断できるなら、「どこもやってないからやめよう」を、**「よそでは○○のリスクがあるからやってないが、ウチは□□なのでリスクが低く、十分に効果が見込めると判断できる」**と言い換えて、ひとつチャレンジしてみてもいいのではないでしょうか。

ちょっと寄り道

「役所はチャレンジしない」という評価に対する反骨なのか、むやみにチャレンジさせたがる人を時々ニュースなどで目にしますが、チャレンジにはリスクもつきものです。冷静な判断をしたいものですね。

④「以前はこれで通ったんだけど」

予算要求や伝票などを例年どおりに処理したのに、財政や会計担当から事務的な指摘を受けることがあります。こんなとき、実は注意が必要です。

ルールだって諸行無常

去年と同じように予算要求したのに、今年だけやたらと厳しく突っ込まれたり、支出伝票や流用伝票をいつもどおり処理したはずが、今回に限ってハネられて作り直しになったり。こんなとき、つい恨みがましく口に出してしまうのが、「前はこれで通ったんだけど」というフレーズです。

このフレーズ自体は必ずしもＮＧというわけではありません。相手方の間違いや勘違いということもありますので、しっかり確認するためにも、「以前、この取り扱いでＯＫだった経緯がある」という事実そのものは、きちんと伝えるべきではあります。

ただ、「前回これで通ったんだから、今回も同じように通してくれよ」とばかりに前例踏襲を迫るのは、あまりよろしくありません。

当たり前の話ですが、相手も同じ人間ですから、それこそ**前回の判断が間違いや勘違いだったということはいつだってありえます。それに、実は前回とは状況が違う可能性もあります。**

特に予算編成では、年度が変われば同じ状況とは限りません。自分の課の事業の環境や状況が変わらなくても、財政状況、他課での関連事業の有無、社会全体の変化、いろいろな要因が様変わりしていきます。置かれた状況、外部環境が変われば、事業に対する判断が変わっていくのは当然のこと。過去の判断がいつまでも有効とは限らないのです。

伝票処理でも同じことが言えます。自分たちから見たら同じ処理でも、財政や会計、監査などから見たら何か違う要因があるのかもしれません。そこでゴネても時間を浪費するだけですから、よほどの事情がなければ指摘に従うほうがよいのではないかと思います。

他のことにも影響するかも、という視点が大事

ただ一方では、「よくわからないけど従っておこう」という姿勢もあまりオススメできません。特に管理職なら「どうして前回と扱いが変わったのか」という理由は、しっかり押さえておくべきポイントです。

ものによっては議会などで変更の理由を聞かれる可能性もあります。時には、その変更理由にまだまだ議論の余地があって、あきらめるのは早いこともあるでしょう。

さらに、リスク管理として、「その変更が他の何かにも波及、影響する可能性がある」という視点を持つのも重要です。

例えば、事務的な取り扱いの変更によるものであれば、他の事業でも該当しないか注意する必要があります。債務負担行為の要否など議決が絡むものでは、事業スケジュールに影響があるかもしれません。政策的な方針の変更などでは、事業そのものの位置づけや説明が変わったりする可能性もあります。

予算の付け方、伝票の処理の仕方という小さな変更が、事業全体に大きな影響を及ぼす可能性もあるのです。ただ単に「以前はこれでよかったのに」と恨みがましく言うより、**「以前はこれで通ってたが、何かやり方が変わったのか。他にも影響する可能性があるので詳しく教えてほしい」**と、前向きに言い換えて、経緯を確認しておきましょう。

ちょっと寄り道

特に窓口業務などで、このセリフを言われる側に回った経験がある人も多いのではないでしょうか。「自分が言われて嫌なことは他人に言わない」。いつも心がけておきたいものですね。

⑤「もうそろそろ異動だから いいんだけどさ」

人事異動は公務員最大の関心事と言いますが、ソワソワしている人ほどこの言葉を口にしがちです。冗談ならともかく、ＴＰＯには注意しましょう。

こっちは冗談でも、受け止め方は人それぞれ

このフレーズ、議会や住民に言ってしまう人はまさかいないと思いますが、職員の内輪話では、けっこう冗談めかして口にしがちではないでしょうか。実は私も言ったことがないわけではないので、つい口に出してしまう気持ちはわかります。ただこれは、気心知れた同期や業務に関係がない友人相手ならまだしも、同じ部署の仲間はもちろん、実は財政課にも聞かれないようにしたほうがいい言葉です。

当たり前の話ですが、予算編成は来年度の予算を作る作業です。年度の間に人事異動があるので、「予算は組んだが、自分が執行する立場ではなくなる」ということは、管理職でも一般職でも普通に発生します。

特に、割と決まった年数できっちり人事異動してきた人とか、もう長いこと同じ仕事をしている人、よくわからないけど何かと情報通な人、あるいは退職が決まっている人は、「自分がこの予算を使うことはないかも」と感慨深く思うこともあるのでしょう。

そんな方々から、来年度予算編成も大詰めになってくる年末や年明けの頃､財政課とギリギリの調整をしているときに､このフレーズがポロッと出てきます。

よその課だからと油断して口に出してしまったのかもしれませんが、これを聞いた財政課の担当者がどう考えるか、ちょっと想像してみてください。「あぁ、この人には何か改善の提案をしてもきっと無駄だな」

とがっかりされるのはまだマシなほうです。場合によっては「そっちがそういう気持ちなら、ここの予算は少し厳しめに査定しても許してくれそうだな」と思うかもしれません。何せギリギリの調整ですから。

特に後者のパターンで、来年の事業費を査定されて困るのは、残される（かもしれない）自課の仲間たちです。たとえ冗談のつもりでも、口を滑らせないほうがよいでしょう。

異動が近そうなときほど、来年の事業を見据える

とはいえ、冷静に考えて自分の異動が近いな、と感じるときもあるでしょう。そんなときは、むしろ例年以上に気を引き締めて、来年度のことをしっかり考えて予算編成にあたることをオススメします。

そういう意思や姿勢を見せることで「査定しても大丈夫そう」と思わせないようにするのはもちろんですが、他にも目的があります。それは、仮に自分がいなくなっても回る体制を作ることです。

客観的に自分を見て異動が近そうだと思うなら、きっと周りの人たちもそれはなんとなく感じているはず。そんなときこそ、予算編成をするなかで、来年度の体制や事業の運営について、周囲の同僚や財政課ともしっかり話し合っておくべきです。使いどころによっては、「そろそろ異動」というキーワードを出すのも効果的に作用するかもしれません。

例えば、**「もうそろそろ異動かもしれないので、できるだけ後任に課題を残したくない。今回は特にいろいろ整理をしたいので、財政課にも協力してほしい」**と言い換えてみてはいかがでしょうか。飛ぶ鳥跡を濁さず、という言葉のとおり、引継ぎまで見据えた予算を編成していく姿を、財政課にも見せておきましょう。

ちょっと寄り道

これ、自分が残される立場ならどう思いますか。たとえ冗談でも、そんなことを言っていた人が組んだ予算に何か不具合でもあれば、文句の一つも言いたくなるはず。そっと胸にしまっておくのが吉です。

⑥「首長（議員）が言ってるから」

首長や議員、上司の考えを受け止め、具現化に向けて課を動かしていくのが管理職の仕事。私たちに求められている役割を深掘りしてみましょう。

真意を受け止め、自分の言葉にする

管理職だろうが一般職だろうが、我々公務員、特に事務職は、住民の代表たる首長や議員の意向を最大限尊重するべき立場にあります。96ページのような、新規事業が降ってきたときなどは、「この事業は上からの指示なので是非もない。もちろん財政課にとやかく言われる筋合いもない」と思うこともあるでしょう。

ただし、「首長や議員が言ってることだったら、何も考えずにただやればいい」ということではありません。例えば、誰かに事業実施の理由を聞かれたときに、「指示されたからやってるだけです」と答えるわけにはいきませんよね。

きちんと説明できるようにするためには、事業の政策的な意義、住民が受ける便益、費用対効果、いろいろなものをしっかり整理しておく必要があります。その過程では、定量的なデータと定性的な論理を組み合わせた検証をしておかなければいけません。

結局のところ、そうやって「数字×論理×心情」を組み合わせた理論武装をするのは、どんな事業であっても変わりません。その事業に首長や議員の意向が働いているかどうかは関係なく、考えるべきことは考えておかねばならないのです。

発端となった首長の指示や議員からの意見にも、そういった理論武装のための材料はしっかり含まれていたはずです。大事なのは、その真意をしっかりと受け取り、自らの腑に落ちるまで検討し、自分たちの言葉で語れるようにしていくことなのだと思います。

そうすれば、単に「首長や議員が言ってることだから実施する」というのではなく、**「きっかけは首長の指示や議員の意見だが、事務方なりに十分に検討した結果、高い効果が見込めるということがわかったので、ぜひ実施したい」**と胸を張って言い換えられるのではないでしょうか。

「ならぬことはならぬものです」を言うのも役割

一方で、これは「イエスマンになれ」というのとは少し違います。

主権者である住民の代表であるとはいえ、首長も議員も同じ人間です。全知全能、無謬の神様というわけではありません。何度もお伝えしたように、立場が違えば見えるものが違います。私たち事務職の立場から見えている落とし穴が、高いところからは見えていない可能性もあります。

だから、**自分たちの立場なりに見えるものを、しっかり上層部や議員へ伝えて、できるだけ多くの情報から正しい判断をしてもらうように心がけるのも、私たちの役割の一つです。**

予備費の充用や専決処分なども同じことです。自由で便利に使える手法ですが、火種になることもあります。「今回はやめておきましょう」と止めることこそ、首長自身の身を守ることにつながるかもしれません。

「上が言ってるから」と思考停止せず、事務屋は事務屋なりの誇りを持って、自分たちの考えをきちんと言葉にしていくべきだと思います。検討しても腑に落ちないことがあるときは、腑に落ちるまでしっかり対話を重ねたほうが、より良い決断、より良い事業に結び付くはずです。

ちょっと寄り道

庁内のヒアリング等のクローズドな場では、「これは首長の肝煎り案件」「あの議員が以前から注目している事業」といった情報も、それはそれで貴重です。事実は事実として胸を張って伝えましょう。

⑦「あっちの事業には、あんなにお金をつぎ込んでるのに」

我々の業務に上下はありません。とはいえ、注目を浴びがちな事業と、光の当たらない業務があるのも事実。その差の捉え方を考えましょう。

削った財源を付け替えているわけではない

明示されているか、暗黙の了解としての共通認識かは別として、どこの自治体でも、「これが一丁目一番地」という事業はあるはずです。一方では、「自分の課の事業は、全体から見たら三丁目くらいなんじゃないか」と感じている人も、ひょっとしたらいるかもしれません。

特に、施設やインフラの維持管理や窓口など、経常的な行政サービスを所管している部署にしてみれば、自分の課の事業費は厳しく査定されているのに、上層部の肝煎りのいわゆる花形的な重要施策には湯水のように予算が付いているのを見たら、納得できないと思うこともあるでしょう。「自分たちから召し上げた財源があっちの花形事業に付いているのではないか」と勘繰りたくなってしまう気持ちもわからないではないです。

ですが、これは誤解です。予算編成のやり方によることもあるでしょうが、財政課側では、どこかの課から削った一般財源を花形事業に寄せていくとか、花形事業でこれだけ予算が必要だからあっちの課からその分削る、といった考え方はおそらくしていません。

「それはそれ、これはこれ」。重要な政策だろうと経常的な行政サービスだろうと、必要だと判断したものに必要な予算を付けるのが基本スタンスです。そのうえで、全体と将来を見て、許容できる一般財源負担に収まるように調整をしているのです。

庁内全体で支え合う気持ちを持とう

扱いの違いに納得できないときは、こう考えてみてください。

花形事業はそのまち全体の将来を占う重要施策ですから、その成否は、自分たちが所管する事業の先々の姿にも、いずれ間接的に関わってくるはずです。それに、今は関係なくとも、これから関係する部署に異動する可能性もないとはいえません。だから、花形事業は決して他人事ではありませんし、その成功は、実は将来の自分たちのためでもあるのです。

そして、成功するためにはやはり予算が必要です。私たちは、政策課題の解決と財源不足リスクのギリギリのせめぎ合いのなかで、花形事業の予算に回す財源を生み出すことになってくるわけです。

だから、たとえ自分が直接事業に関わることはなくても、**「今以上にコストを増やさずに自分の持ち場を守って、重要施策にお金が回るようにする」という役割だって、とても重要で、不可欠なものなのです。**

もしも若手の部下が「どうしてあっちの事業にばかり予算が付くのか」と不満げにしていたら、彼らにこれをきちんと伝えるのも管理職の大事な仕事です。一緒になって愚痴をこぼしてしまっては、まるで「自分たちの仕事はあっちに比べれば重要じゃないんだ」と言っているようなもの。自分たちの仕事に誇りを持てなくなってしまいます。

予算編成方針や総合計画といった自治体全体の方針を見せながら、**「あっちの事業も、まちの将来を決める、とても重要なもの。自分たちが今少しだけ我慢すれば、いずれはもっと豊かなまちになるはず。庁内一丸になって頑張っていこう」**と言い換えて、声をかけてあげてください。行政全体の方向性をしっかりと捉えて、全庁的に協力し合う雰囲気を醸成していくのも、管理職の役割なのではないでしょうか。

ちょっと寄り道

花形部署にもそれはそれで苦労があり、お金をつぎ込まれているプレッシャーがかかっているはず。きっと、それぞれ悩みは尽きません。同じ職員同士、それぞれの役割をしっかりこなしていきましょう。

8 「なんだかんだ言っても毎年予算は組めてるんだし」

「毎年厳しく査定されるけど、結局予算は組めてるんだし、そこまで削らなくても…」。気持ちはわかりますが、それを言ったらおしまいです。

お互いの仕事に敬意を持とう

財政課の査定では、数千円とか数万円の単位まで削り取られたりすることもあります。一方で、そういう細かい査定をどれだけ積み上げても、それだけで億単位の財源不足が解消できるわけがありません。

それでも最終的には予算ができ上がるわけで、「最終的には財政課がなんとかするんだろ」と他人事のように捉えていたり、「実は何か隠し財源があって、財政課は予算編成が厳しいように見せておいて査定しやすくしてるに違いない」と疑っていたりする人がいるかもしれません。

しかしそれは、冗談でも財政課には聞かれないほうがいいフレーズです。

ここまで読んだ皆さんなら、「予算編成上の財源不足は最終的には財政調整基金の取り崩しで解決される（せざるをえない）」「それは将来の住民が自由に使える資産が減ることを意味する」、ということはすでにご理解いただいていると思います。

もちろん、たまたま大きな出費が重なる年というのはどうしたってありますし、その出費自体が将来の住民のための投資であったりもしますので、財政調整基金の取り崩しが全てダメというわけではありません。

それでも、できるだけ財政調整基金の取り崩しを減らして、将来の住民、将来の予算編成への贈り物をしたいのが財政課の立場です。毎年、いくつもの苦渋の選択を繰り返した結果、なんとかして予算を組んでいるのに、「予算は組めてるんだから平気だろ」と、まるで大げさに騒ぐオオカミ少年のように言われてしまうと立つ瀬がありません。

皆さんだって、財政課に「おたくらの事業なんて、多少削ったって平気だろ」とか言われたらカチンときますよね。お互いの仕事に敬意を持って、冷静かつ客観的に協議をしたいものです。

正しく若手に伝えるのも、未来への財産

ちなみにこの「毎年予算は組めてるんだから大丈夫」発言は、部下に言うのも禁物です。これは、「私は自分の自治体の財政構造を理解していない」と言っているようなものです。もしも、このあたりの知識のある部下が周りにいたら、こっそりため息をつかれてしまいます。

さらに良くないのは、知らない若手が聞いたら真に受けてしまうことです。これは、財政の仕組みや状況を理解しないまま成長してしまう職員を増やす、負のスパイラルの入口です。なので、もしも部下がこういう疑問を口にしたら、「予算編成の過程でどう財源不足が解消していくのか」をちゃんと説明してあげてほしいのです。

例えば、**「毎年、最終的に予算が組み上がるのは、財政調整基金の取り崩しの結果。ただ、これはずっとは続かないわけだから、中長期的には少しずつでも身軽になっていく必要があるよね。我々も自分たちなりにできることを考えていこう」**と、伝えてみてください。

これは部下を育てる管理職の役割でもありますし、若手に正しい認識を伝えていくことは、中長期的には組織全体で「わがまちの財政」を考える文化の醸成につながっていきます。それは、形は違っても、基金残高と同じ「未来へ贈る財産」です。同じどころか、お金よりも遥かに貴重な、何物にも代えがたいものなのではないでしょうか。

ちょっと寄り道

財政課は、予算編成のたび、「今年は特に厳しい」と言いがちです。まるでボジョレーヌーボーの出来の表現みたいですが、それもまちの将来を憂いてのこと。少しだけでいいので、付き合ってあげてください。

COLUMN 7

「NGワード」の功罪

実は私は、「本当はＮＧワードなんてないのが理想」だと思っています。

「ここまでＮＧワード集を並べておいて、最後の最後にそれかよ」と思った方もおられるかもしれません。

誤解がないように最初に申し上げますと、議会や住民説明などでは、ＴＰＯを考える必要はもちろんあります。それ以外でも、「口は禍の元」という言葉もあるとおり、言ってしまうと損をする発言も避けたほうがいいでしょう。また、相手の気持ちを考えない、尊厳を傷つけたりするような言動は、いつだって厳に慎むべき。そのあたりは、人として当たり前のことです。

そういうことを除いたうえで、行政内部の職員間での話し合いに限れば、本当はＮＧワードなんてないほうが、相互理解への近道なのではないか、と思います。

理想論を言えば、いいことも悪いことも、本音も建て前も、理屈も感情も、全ての情報をテーブルに載せて、みんなが心の底から納得できる落としどころを探すのが一番のはずです。

とはいえ、円滑な協議のためには、「言わぬが華」ということもあるでしょうし、何だかんだ言っても人間は感情の動物なので、なんの縛りもなく本音をぶつけ合ったら喧嘩になってしまうかもしれません。

だからこそ、世の中にはＮＧワードがあるんだと思います。ＮＧワードは、組織を円滑に回すための存在である一方、真の相互理解から遠ざかる要因でもあります。ギリギリのラインを見極めて胸襟を開いて、腹を割って話すというのは、本当に難しいですよね。

私も、いつも失敗ばかり、反省ばかり、後悔ばかりしています。

何がＮＧなのかは、人それぞれ、組織それぞれ。この第７章が、皆さん自身にとってのＮＧワードを探す参考になれば幸いです。

おわりに

皆さん、本書に最後までお付き合いいただき、本当にありがとうございました。

何やら偉そうにいろいろ書いてきましたが、実は、自分も管理職になりたての未熟者です。

管理職一年目で、わからないこと、知らないことだらけの一方、やらなければいけないこと、気を付けなければいけないことも増えるなか、てんてこ舞いしながら書いたのが、本書です。

財政のことにしたって、この世界は恐ろしく広く、かつ奥深い分野です。自分なんてまだまだ経験不足。深淵のふちに立って、見えない底を恐る恐るのぞき込んでいる程度の存在でしかありません。

わがまちにも、他のまちにも、この世界に長く深く潜り、様々な知見を蓄えている方々が数多くいらっしゃいます。「そんな方々を差し置いて、私ごときが偉そうに本なんか書いてもいいのだろうか？」と、何度も考えましたし、今も石を投げられやしないかとドキドキしています。

それでも、せっかくいただいたご縁なので、精いっぱい頭を捻って、頑張って書かせていただきました。

予防線をいくつか張っておきますと、本書は全体を通してわかりやすさ最優先で書いていますので、正確さにはちょっと（かなり？）欠けるかもしれません。特に、予算編成や財政運営の方法は、自治体によって全然違うので、あまり参考にならないこともあるでしょう。実際の業務にあたっては、本書だけを鵜呑みにせず、それぞれの財政課にちゃんと確認してくださいね。

また、本書の内容は私個人の解釈であり、私が属したり関係したりしているどの組織の見解でもありません。読む人によっては、私とは解釈が違う、ということもあると思います。

さらに加えるなら、先ほど書いたとおり、私自身が管理職としても財政担当としてもまだまだ未熟者です。「書いたことは自分でちゃんと実践できている」なんて、口が裂けても言えません。

それでも、諸先輩方の振る舞いを傍目に見てきて、「財政運営には、こういう考え方が大事なんだろうな」「管理職には、こういう振る舞いが求められるんだろうな」と感じてきたことをまとめ、できるだけ一般化して書いたつもりです。その点では、本書は、私が今まで出会ってきた尊敬する諸先輩方の姿の「映し絵」であり、私自身が目標とする管理職の姿を示したものなのかもしれません。

そんな本書ですが、それでも、皆さんの何かの参考、気づきのきっかけになれたら、と心から願っております。

最後まで書き上げて、心から実感していることは、「今まで出会ってきた全ての人に支えられて、今の自分がある」ということです。

私を生み、育て、見守ってくれた家族。入庁以来お世話になってきた、たくさんの上司、先輩、同僚、後輩、部下たち。わがまちへの熱い想いを持って、行政への叱咤激励やご協力をくださる地域のプレイヤーの皆さん。仕事とは全然関係ないけれど、また別な視点での気づきを与えてくれる、中小企業診断士の世界の方々や、尊敬できる友人たち。

これまで私を育ててくれた皆さんには感謝しかありません。これからも、皆さんを目指して、皆さんと一緒に頑張っていきたいと思います。

そして、私の人生の相棒である妻。いつも本当にありがとう。ここまでなんとかこれたのも、常にあなたが支えてくれるおかげです。

最後に、この本を読んでくれた皆さん、関わってくれた皆さんに、心より感謝申し上げます。

それぞれのまちの未来のため、それぞれの立場で、これからも切磋琢磨して、力を尽くしていきましょう。

令和６年９月

谷池　公治

■著者紹介

谷池　公治（たにいけ　こうじ）

1977年生。茨城県取手市財政部財政課長。税務、地籍調査、秘書、シティプロモーション等を担当したのち、2017年度より財政業務に携わり、2024年度より現職。庁内のみならず、まちづくり団体をはじめとした外部に対しても、自治体財政にまつわる講座を実施。市の起業支援事業で起業アドバイザーを務めるなど、中小企業診断士としても活動。

2時間でまるごとわかる！
管理職のための自治体財政

2024年9月26日　初版発行

著　者　谷池 公治（たにいけ こうじ）
発行者　佐久間重嘉
発行所　学 陽 書 房

〒102-0072　東京都千代田区飯田橋1-9-3
営業　電話　03-3261-1111　FAX　03-5211-3300
編集　電話　03-3261-1112
http://www.gakuyo.co.jp/

ブックデザイン／能勢明日香
DTP制作／ニシ工芸　　印刷・製本／三省堂印刷

★乱丁・落丁本は、送料小社負担にてお取り替えいたします。
ISBN 978-4-313-15152-9 C0034

定価はカバーに表示しています。